小学校教員をめざす人のために

関東学院大学教育学部　初等教育研究会　編

関東学院大学出版会

序　文

　小学校の先生ほど、人の人生の思い出に残る先生はいないという言葉があります。それほど小学生の頃の思い出は強く、子どもたちの日々の生活に小学校の先生が与える影響も大きいものがあります。その小学校教員に憧れ、小学校の先生をめざす学生も数多い一方、学校教育の役割と比重が変わり、重くなるにつれ、かつての3Kのように、実際の教員の職務内容が厳しさを増している現実もあります。

　このため、小学校教員をめざすには、以前のようにただ採用試験に合格すればよいというものではなく、日頃からの社会経験やボランティア、教育実習での学び、さらには授業力の基礎固めなど、教員の卵として多面で豊かな素養、人となり、あるいは意志力を身につけることが求められてきています。

　本書は、小学校教員をめざす学生等に向け、そのような多面でかつエッセンシャルな内容を網羅したものです。本書により、大学の授業では深く取り上げられなかった学級経営や授業・指導案づくりをはじめ、問題への対応や子ども理解の基礎あるいは教育実習での学びなど、教壇に立つための基礎・基本を学ぶことができます。

　本書のでき上がる今まさに学習指導要領の改訂が進められています。アクティブ・ラーニング、チーム学校、教科としての道徳、外国語教育、特別支援教育といった新たな課題をどのように次代の学校教育と教育課程に位置づけるかについて、急ピッチで検討がなされています。また新たな小学校教育が模索されていきますが、こうした新たな教育ニーズに対応できる小学校教員であるためには、やはりしっかりとした基礎を養成の過程で強固に築く必要があります。今後さらに、本書で取り上げたような多面でエッセンシャルな基礎を培うことが求められるのです。

　真摯に小学校教員をめざす方々や現職の先生方向けに、また教員採用試験のためのテキストや教員養成課程の副教材としても、大いに本書は役立つものと思います。

　未来をつくる子どもたちを支え、導く、意欲あふれる小学校の先生が一人でも多く育ち、主体的に取り組む子どもたちの学校生活と学びがますます充実することを執筆者一同、心から願いつつ本書を上梓します。

　平成28年1月

本書執筆者一同

目　次

序　　文 ……………………………………………………（本書執筆者一同）i

第1章　小学校教員をめざす……………………………………………………1

第1節　現代の教育課題と望まれる資質………………………（小原　豊）2
1. はじめに……………………………………………………………………2
2. 学力の向上…………………………………………………………………2
3. 規範意識の醸成……………………………………………………………3
4. 特別支援教育の充実………………………………………………………3
5. 子どもの体力向上…………………………………………………………4
6. 読書活動の推進……………………………………………………………4
7. いじめ防止と対応…………………………………………………………4
8. 不登校防止と対応…………………………………………………………5
9. 情報化への適応……………………………………………………………5
10. 国際化への適応……………………………………………………………6
11. 学校・家庭・地域の連携…………………………………………………6
12. おわりに……………………………………………………………………6

第2節　教育ボランティアでの学び…………………………（山下俊幸）8
1. はじめに……………………………………………………………………8
2. 教育ボランティアの意義…………………………………………………8
3. 教育ボランティアの種類…………………………………………………10
4. 教育ボランティアの責任と義務…………………………………………10
5. アシスタント・ティーチャーの取り組みについて……………………11
6. 宿泊体験学習の付き添いの取り組みについて…………………………12
7. 学校行事の補助ボランティアの取り組みについて……………………12
8. その他の教育ボランティアについて……………………………………13
9. 教育ボランティアでの学びについて……………………………………14
10. 教育ボランティアの留意点………………………………………………14

第3節　教員採用試験の実際…………………………………（遠藤健次）16
1. 教員採用試験について知ろう……………………………………………16
2. 教員採用試験に向けた準備を始めよう…………………………………20
3. 教育支援機関を活用しよう………………………………………………21

第2章　学級をつくる……………………………………………………………23

第1節　教室環境づくりと学級経営…………………………（松永昌幸）24
1. 教室環境は有形……………………………………………………………24
2. 教室環境は「美化」ではない……………………………………………24
3. 身体的な安全の確保………………………………………………………25
4. 精神的な安定の確保………………………………………………………25
5. 「子どもたちの自主」の促進……………………………………………27
6. 教室環境は「教師自身」…………………………………………………28

第2節　発達障害の理解と支援………………………………（青戸泰子）30
1. 発達障害とは………………………………………………………………30

2. 知的障害（MR）……………………………………………………………… 31
　　3. 自閉症スペクトラム障害（ASD）…………………………………………… 32
　　4. 注意欠陥／多動性障害（AD／HD）………………………………………… 34
　　5. 学習障害（LD）……………………………………………………………… 35
　　6. 障害の重複…………………………………………………………………… 35
　　7. 学級をつくるための配慮…………………………………………………… 36
　第3節　問題事態への対応………………………………………（山下俊幸）39
　　1. はじめに……………………………………………………………………… 39
　　2. 学級経営における問題事態………………………………………………… 39
　　3. 問題事態への対応のポイント……………………………………………… 44
　　4. 問題の起きない学級経営を………………………………………………… 45
　第4節　特別支援学級の学級づくり……………………………（太田俊己）46
　　1. 特別支援学級のいま・教育課程・役割…………………………………… 46
　　2. 特別支援学級の学級づくり………………………………………………… 49
　　3. 知的障害特別支援学級の実践〜要点チェック…………………………… 51
　第5節　非行への理解と対応……………………………………（鈴木公基）56
　　1. はじめに　―非行と問題行動―…………………………………………… 56
　　2. 少年非行の現状……………………………………………………………… 56
　　3. 非行はなぜ起こるのか　―非行に関する理論―………………………… 57
　　4. 非行少年をどのようにとらえるか………………………………………… 59
　　5. 非行への対応………………………………………………………………… 60

第3章　授業をつくる……………………………………………………… 63
　第1節　学力と授業づくり………………………………………（小泉秀夫）64
　　1. 学力論争から―学力概念に関して―……………………………………… 64
　　2. PISA型学力の問題について………………………………………………… 66
　　3. 質の高い学力への授業のあり方　―「学び合い」「協同学習」へ向けて―……… 67
　　4. まとめ………………………………………………………………………… 70
　第2節　より良い授業づくりのための視点……………………（大﨑裕子）71
　　1. 授業とは何か………………………………………………………………… 71
　　2. 「授業」の特殊性…………………………………………………………… 72
　　3. 授業を構成する要素………………………………………………………… 72
　　4. 授業づくりをめぐる現代的課題　―子どもの学びの危機―…………… 73
　　5. 教育実践史から学ぶ日本の授業づくり…………………………………… 74
　第3節　学習指導案の作成………………………………………（小原　豊）77
　　1. はじめに……………………………………………………………………… 77
　　2. 指導案作成上の留意点……………………………………………………… 77
　　3. 指導案の実際：算数科の事例……………………………………………… 78
　　4. おわりに……………………………………………………………………… 83

第4章　教育実習に臨む…………………………………………………… 85
　第1節　教育実習から学ぶこと…………………………………（遠藤健次）86
　　1. はじめに……………………………………………………………………… 86

2. 学ぶこと……………………………………………………………… 86

第 2 節　教育実習の実際：体験談から……………………（山下俊幸・小原豊）95
　　　1. はじめに……………………………………………………………… 95
　　　2. 実習体験記①：子どもたちから学ぶこと………………………… 95
　　　3. 実習体験記②：授業はいい雰囲気の中から……………………… 96
　　　4. 実習体験記③：授業を学級経営につなげる……………………… 97
　　　5. 実習体験記④：児童との関係……………………………………… 97
　　　6. おわりに……………………………………………………………… 98
　　　コラム：お礼状の書き方……………………………………（大﨑裕子）99

第 3 節　介護等体験から学ぶこと………………………………（山下俊幸）100
　　　1. はじめに……………………………………………………………… 100
　　　2. 介護等体験の目的と意義…………………………………………… 100
　　　3. 介護等体験の実際…………………………………………………… 101
　　　4. 介護等体験からの学び……………………………………………… 102
　　　5. 介護等体験での留意点……………………………………………… 102
　　　6. 体験者（先輩）の介護等体験の学び ―「介護等体験ノート」より― 103
　　　7. おわりに……………………………………………………………… 106

第 5 章　熟練教員の知恵に学ぶ ……………………………………… 107

第 1 節　子どもを「見立てる」ポイント………………………（青戸泰子）108
　　　1. 今後の援助目標 ―社会の壁にぶつかる子ども達― …………… 108
　　　2. 子どもを「見立てる」とは………………………………………… 109
　　　3. 事例の見立てと統合………………………………………………… 110
　　　4. 子どもを支援するために大切なこと……………………………… 114

第 2 節　学級づくりのポイント…………………………………（松永昌幸）116
　　　1. 自律を目指す学級づくり…………………………………………… 116
　　　2. 学級生活の根幹「安全」…………………………………………… 117
　　　3. 学級の「規律」……………………………………………………… 118
　　　4. 「規律」の指導例…………………………………………………… 118
　　　5. 「規律」指導のポイント…………………………………………… 119
　　　6. 「自立」を目指す学級づくり……………………………………… 120

第 3 節　情報機器を使いこなす…………………………………（小原　豊）123
　　　1. はじめに……………………………………………………………… 123
　　　2. デジタル教科書の活用……………………………………………… 123
　　　3. デジタル黒板の活用………………………………………………… 125
　　　4. タブレット端末の活用……………………………………………… 126
　　　5. おわりに……………………………………………………………… 128

跋　　文 …………………………………………………………（所澤保孝）129
　　校訓「人になれ、奉仕せよ」から…………………………………… 129
　　小学校教員を目指す君達へ― C.B. テンネー博士の言葉から……… 130

後　　書 ………………………………………（編著者代表　太田俊己・小原　豊）133

第1章　小学校教員をめざす

第1節　現代の教育課題と教員に望まれる資質

第2節　教育ボランティアでの学び

第3節　教員採用試験の実際

第1節 現代の教育課題と教員に望まれる資質

1. はじめに

　学校を取り巻く実社会は、少子高齢化、高度情報化、国際化など激しく変動しており、教員はそこから生じる時代の要請に的確に対応できる資質能力を身に着けるべく研鑽に励まねばなりません。中央教育審議会による答申「教育振興基本計画について－「教育立国」の実現に向けて－」(平成20年4月)では、今日でも妥当な我が国の教育をめぐる現状と今後の課題が大所高所より整理されています。教職を志す皆さんには、文部科学省が発する告示や通達、通知は勿論のこと、審議会や協力者会議等の議事録や配布資料、答申についての通読を勧めます。本節では、上記の教育振興基本計画特別部会で指摘された数多の課題から、特に小学校教員に直接的に関わる10の課題を抜粋してその現状と課題及び教員の心得について概略します。紙幅の都合上、各課題の詳説は難しいですが、各々について各自が専門書を精読し、その理解を更に深めて下さい。

2. 学力の向上

　IEAによる国際数学理科教育調査(TIMSS)や、OECDによる学習到達度調査(PISA)の結果から我が国の児童生徒の到達度をみると、基礎的な教科内容理解も、またリテラシーとしての読解力や理数能力などについても比較的上位にあることが伺えます。しかし同時に、学力を1)基礎的・基本的な知識・技能の習得、2)これらを活用して課題を解決するための思考力・判断力・表現力など、3)主体的に学習に取り組む態度、の3要素で捉えると、特に第3の要素を支える学びへの意欲や興味・関心に関しての肯定的回答率の低さが、確かな学力を育てる上での課題として挙げられます。また国内で例年行われている全国学力・学習状況調査では、例えば平成27年度の調査結果から、国語科では総じて文章全体の構成や表現の工夫を捉えること、算数科では図形を構成する性質や数量関係の理解などに課題がみられますが、より具体的には都道府県別、地域別、学校別によって多様な課題群が表出します。教員は単なる平均正答率に毎年一喜一憂するのではく、自らが日々向き合う児童生徒の具体的な解答傾向や学習状況、生活習慣を把握・検証した上で、自らの授業改善に役立てることが大切です。

3. 規範意識の醸成

　内閣府による低年齢少年の生活と意識に関する調査報告書（2006）では、2割弱の小学生が居眠りや遅刻、離席、宿題失念などに関わり、社会生活や学習の基盤となる「きまりを守る」習慣に問題を抱えていることが指摘されています。その極端な例が学級崩壊という事態です。モラルや倫理、規則などの遵守は民主的な社会生活を営む上での前提であり、学校の教育活動全体を通じて基本的な生活習慣を確立し、集団で協約した決め事を守れる公共心をもった善悪の判断ができる人間としての成長を図らねばなりません。子どもの多様な個性を肯定的に認めつつ、社会の一員として将来その発展に貢献できるように、小学校段階からよりよい人間関係を築く力を培い、社会参画への意欲や態度の形成が求められます。従来、小中学校において道徳の時間は教科外活動という位置付けでしたが、2015年3月に学校教育法の施行規則が改正され、小学校では2018年度より道徳が「特別の教科」になります。同時に、学校だけでなく家庭や地域社会が一体となってきまりを守りマナーを大切にすることの価値を子どもに伝えねばなりません。そして何より、教員は自らがもつ行動規範が、表情や語調・態度など非言語な雰囲気を通して、「隠れたカリキュラム」として児童に伝わることに自覚的であるべきです。例えば、教員が授業において曖昧な点を誤魔化したり、一度決めた期日を場当たり的に変更したりすれば、児童はそれが許されることだと暗黙裡に受け止めます。すなわち、児童は教員の姿を見ながら表面的なことばや形式的な指導内容の裏に潜む様々な価値、信念、性向を規範として学び取っているのです。「隗より始めよ」、この意味において教員自らが公正な判断力並びに公共の精神に基づいて基本的なマナーやルールを守る折り目正しい態度を保つことが大切になります。

4. 特別支援教育の充実

　文部科学省初等中等教育局の資料によると、平成26年時点で特別支援教育を受けている者は385,333人で全体の約2.5％を占めます。同時に、通常の学級に在籍する小中学生のうち発達障害の可能性があり特別な教育的支援が必要な子どもは約6.5％にも達しています。すなわち、通常学級に担任として着任した場合、その教室内には学習障害（LD）、注意欠陥多動性障害（ADHD）、高機能自閉症などを抱える児童生徒が統計上2人から3人程度おり、慎重かつ適切な指導対応が望まれています。学校カウンセラーの面談や医師の診断を受けるよう保護者に勧める場合もあり、チームとして包括的に支援することが必要です。また、当該児童生徒だけではなく、その周囲の児童生徒との関係性を重んじて温かい理解を求めることも大切でしょう。今日、特別支援を必要とする児童生徒の自立や社会参加をより適切に支える上で、特別支

援学校教諭免許状保有率の向上や教員研修の充実による教員の専門的な知識理解技能の向上が不可欠といえます。

5. 子どもの体力向上

　都市化による住宅環境の変化や、少子化と情報化による自然環境下での外遊びの減少などを背景に、子どもの日常的な身体運動が減少し、その体力に昭和60年頃から長期的な低下傾向が見られます。生きる力の不可欠な要素である体力は何より健康の源であり、肥満などの生活習慣病の増加を防ぎ、社会全体の活力を保つ上でもその向上に努めることが重要です。平成26年度体力・運動能力調査結果によると、積極的に運動する子どもと運動嫌いの子どもの二極化が顕著であり、教員は、限られた時間で児童生徒のニーズに合わせた積極的な運動機会を確保する取組を通じて、体を動かす楽しさが感じられる指導を行い、その体力向上を図らねばなりません。そのためにも、健康や安全に配慮した体育の授業や関連行事での指導によって運動に親しむ習慣や体力を向上させる意欲を培うことのできる確かな力量を身に着ける必要があります。

6. 読書活動の推進

　様々なメディアの発達と普及を背景とした、生活環境の変化がもたらす子どもたちの「読書離れ」や「活字離れ」が懸念されています。全国学校図書館協議会による「第60回読書調査」(2014)では小学生の月間平均読書冊数は11.4冊とやや増加傾向にありますが、その反面、月間の読書冊数が0冊の「不読者」も未だ3.8％おり、言葉を学び、感性を磨き、表現力を高める上で読書活動を更に充実させていく必要があります。文化的な趣味としても、直接的な学習としても、読書が子どもの知的成長にもたらす影響は甚大であり、教室に配架する書籍選定や学年段階に応じた良書名著の紹介など、子どもが自主的かつ積極的な読書活動が可能なように環境整備や機会提供を継続的に行うことが大切です。また、教員自らが多忙の間を縫って日々読書し教養を深める姿を身を以て示すことも必要でしょう。

7. いじめ防止と対応

　家庭、学校、地域社会の各々の要因が複雑に絡み合い、冷やかし、からかい、暴力、無視など様々な様態のいじめが現出しています。文部科学省の問題行動調査によると、平成25年度の小学校でのいじめ認知件数は11万8,805件と増加傾向にあり、深刻な事態といえます。人間関係の歪みや差別意識から一方的に心身の苦痛を与えるいじめは重大な人権侵害であること

の理解を子どもに徹底させねばなりません。その上で、教員は日頃から同僚間や管理職者、スクールカウンセラーらと十分な情報交換と共通理解を行い、表情や服装、行動などからその兆候を見逃さないことが大切です。学校関係者がいじめの事実を隠蔽ないし過小に誤魔化す「事なかれ主義」や、注意指導の体裁のみ取り繕う「形式的対応」は厳に慎まねばなりません、本来学校は、人と人との信頼関係を築き、相互に助け合う尊さを学ぶ場です。同調志向が強い風土性をもつ我が国では、異質な者を蔑視し排除する傾向にありますが、教員は子ども一人一人の多様な個性を受け止め、確かな信頼関係の下、教室全員の円満な人格形成を支えねばなりません。

8. 不登校防止と対応

自明視されていた通学の価値が情報化によって相対的に低下したことなどを社会的な背景として、不登校、すなわち「病気や経済的な理由を除いて年間30日以上欠席しており、何らかの心理的、情緒的、身体的あるいは社会的要因・背景により登校しない、あるいはしたくともできない状況」が生じています。文部科学省による平成27年度学校基本調査結果では、不登校の子どもは12万3千人、そのうち小学校児童は2万6千人であり、増加傾向にあります。不登校の主な原因は、「友人や教員との対人関係」、「学業の不振」、「無気力」、「非行・怠学」、「虐待」、「貧困問題」、「発達障害」など多岐に及んでおり、単に子どもの情緒的混乱や耐性欠如などに単純化して捉えられません。その対応も多様であって然るべきですが、その根底には共感的な理解と共に「子どもの教育を受ける権利」を保障する姿勢が大切です。その上で不登校の未然防止と早期対応による登校再開を基調としつつ、不登校を子どもの社会的自立問題とみて、保護者は勿論のこと、養護教諭やスクールカウンセラーと連携して、適応指導教室やフリースクールなどオルタナティブ教育機関との協力を図ることも重要です。

9. 情報化への適応

双方向的に大量情報を容易に送受信できる高度情報化社会を迎えており、内閣府による青少年のインターネット利用環境では、平成27年時点でスマートフォン、タブレット、携帯ゲーム機などのガジェットを用いてSNSや情報検索ができるインターネット接続環境下にいる小学生は84.2%に達し、児童生徒の発達の段階に応じた情報活用能力の育成が求められています。教員は、校内LANのセキュリティ対策や情報モラル配慮を前提に、児童生徒が情報内容及びその伝達手段を主体的に選択する資質を育み、情報化社会に参画する態度を育めるように支えねばなりません。なおデジタル教科書や電子黒板などICTを活用した教員の指導法改善については第5章3節にて詳述します。

10. 国際化への適応

　経済、社会、文化の様々な面で急速にグローバル化する国際社会を背景として、外国語能力の基礎や表現力の育成を図ることが小学校においても求められてきています。高学年を対象に外国語活動（週1コマ）を導入後に行われた平成26年度実施状況調査では、小学生の70.9％が英語に親しみ好意的に捉えるなどの一定の成果があり、学習の系統性の観点から、文部科学省は平成32年度までに小学校3年生から外国語活動を開始し、5年生で教科化する方針を打ち出しました。外国語教育の早期化は、小学校教員の専門性、日本語（母語）習得との関連性、ネイティブなど外部人材との連携性など課題が多々ありますが、小学校教員は、児童が広い視野から自分の考えを母語や外国語でより的確に表現できる力を育めるように、多くの研修を通して自らの語学力と専門指導力を高める必要があります。

11. 学校・家庭・地域の連携

　生涯学習社会への移行が求められている現在、子どもたちの豊かな学びを支える上で、学校教育を軸としつつ、地域の特色を活かした自然体験や社会文化体験・ボランティア活動を行う総合的な子ども支援が望まれています。学校教育・家庭教育・社会教育は本来それぞれの役割がありますが、分業的な考えが相互の理解不足を引き起こさないように、従来以上に連携・協力しながら地域社会全体で教育を捉えることが必要です。これは学校を地域コミュニティの拠点とすることで、その内外での活動を地域の活性化に役立てる施策でもあります。教員は管理職者への報告・連絡・相談を前提としつつ、「開かれた学校」として保護者や地域の人々の信頼に応えるべく、必要に応じてその意向を学校運営に反映させねばなりません。具体的には、一部余裕施設の限定開放や、公開授業など学校現場の状況を開示し理解と協力を求めると共に、ゲストティーチャーや学校支援ボランティア制度などを積極的に活用し、それら関係者各位との連携を良好に保ちつつ子どもたちの成長機会保障やそのための環境充実を図る必要があります。

12. おわりに

　以上概略した課題の他にも、塾など学校外機関との差別化や、給食等における食育の推進など、学校において取り組むべき喫緊の課題は枚挙に暇がありません。子どもを取り巻く環境は日々複雑化・多様化しており、その解決への要請は高まるばかりです。これから小学校教員になろうと志す皆さんは、山積する課題に対してやりがいと責任感、そして同時に一抹の不安も感じることでしょう。しかし、以下2つの観点を踏まえることによって現状を憂い過ぎぬよう

に、バランスのよい対処を心がけましょう。

　第1に、より迅速な対応が必須な不登校問題やいじめ問題を除けば、どの課題も中長期的な対応を必要とする課題であることです。採用時での新任者の実践力では必ずしも十分な対処が難しい場合もあります。それ故に、教育公務員特例法第19条の規定に基づき、教員はその職能を高めるために、各ライフステージ上で研修を続けなくてはならないのです。これは専門職者としての知識理解や技能を不断に刷新し、成長し続ける為であり、勤務命令による研修や職務専念義務の免除による研修として「自主研修」、「校内研修」、教育委員会主催の「校外研修」などを通して、教員に日々求められる課題解決力を着実に底上げしていけばよいのです。

　第2に、個々の教員の専門性だけでは対応が困難な場合、事務職員、スクールカウンセラーやソーシャルワーカーら心理士あるいは社会福祉士などの学校組織に配置された専門スタッフと業務連携して「チーム」として職務を担えばよいことです。平成27年7月に中央教育審議会の初等中等教育分科会は「チームとしての学校の在り方と今後の改善方策」について中間まとめを出しました。そこでは、多様な専門スタッフが子どもへの指導に関わることで教員のみが子どもの指導に関わる現在の学校文化を転換する方針と、学校の組織力や教育力を向上させるマネジメントの確立が提言されています。「チーム学校」の一員として最善を日々尽くせばよいのです。

　このように、課題解決力を中長期的に育み、組織的な課題解決を目指すことを心がけねば、教員のバーンアウト（燃え尽き）が懸念されます。

　社会の成熟化に伴い急速に多様化していく課題をひとつひとつ迅速かつ丁寧に解決していくために、そして子どもたちの確かな成長を保障するために、小学校教員は関係者全員参加によるネットワークを活かしつつ、自らのキャリアをしっかりとデザインしていくことが大切です。

【引用参考文献】
国立教育政策研究所 (2013).「生きるための知識と技能5：OECD生徒の学習到達度調査（PISA）2012年調査　国際結果報告書」. 明石書店
国立教育政策研究所 (2013).「算数・数学教育の国際比較：国際数学・理科教育動向調査のTIMSS2011調査報告書」. 明石書店
文部科学省 (2014).「平成25年度児童・生徒の問題行動等生徒指導上の諸問題に関する調査」. 初等中等教育局
文部科学省 (2014).「平成26年度小学校外国語活動実施状況調査」. 初等中等教育局
文部科学省 (2015).「平成26年度特別支援教育資料」. 初等中等教育局
文部科学省 (2015).「平成27年度学校基本調査結果」. 生涯学習政策局
文部科学省 (2015).「平成26年度全国体力・運動能力、運動習慣等調査結果」. スポーツ・青少年局
内閣府 (2006).「低年齢少年の生活と意識に関する調査報告書」
内閣府 (2014).「平成26年版 子ども若者白書」
内閣府 (2015).「平成26年度青少年インターネット利用環境実態調査結果」
中央教育審議会 (2008).「教育振興基本計画について－「教育立国」の実現に向けて－」（平成20年4月答申）
全国学校図書館協議会 (2014).「第60回学校読書調査報告」

（小原　豊）

第2節　教育ボランティアでの学び

1. はじめに

　教職をめざすうえで大切なことの1つが教育ボランティアの経験です。
　小学校でボランティア活動を行うことで、教育現場について知ることができるだけでなく、大学での学びが一層深まり、より確かなものになります。
　教育実習とは異なる立場と観点から、教育現場で学ぶことができるのです。
　また、多くの自治体で教員採用試験の受験応募票に教育ボランティアについて記入する欄が設けられています。教職をめざすうえで、教育ボランティアの経験は必須のものなのです。

2. 教育ボランティアの意義

　教育ボランティアの意義は、教職課程の学びをより確かに豊かにすることです。以下、具体的に見ていきましょう。

(1) 教育現場の理解

　大学の授業では十分に知ることのできない教育現場について、実際に身を置いて理解を深めることができます。教育が営まれている現場で実際の教育活動を見ることの意義は何よりも大きいものです。教室や音楽室、理科室などの特別教室や図書室や体育館などの施設・設備面についても理解を深めることができます。

(2) 教師の仕事の理解

　教師の仕事の実際は、学級経営や学習指導、児童・生徒指導などに加え保護者対応や地域行事への参加など実に多様で多岐に渡っています。学校にボランティアで入ることで、様々な場面での先生方の仕事を間近に見ることができます。特にアシスタント・ティーチャーでは、年間を通して先生方の仕事を見ることができ、教育実習では分からない年間を通した月ごとの教師の仕事について理解を深めることができます。

(3) 学級経営の理解

　学級経営についても、一人ひとりの子ども理解に基づいた具体的な経営を見ることができま

す。特に４月、５月の年度当初の学級経営の様子は大変参考になります。子どもたちがどのように学級集団としてまとまっていくのか、授業だけでなく朝の会や帰りの会の進め方や、掲示物などの教室環境の工夫などについても学ぶことができます。アシスタント・ティーチャーとして年間の学級経営に関わることは、教育実習や将来、学級担任になった時に役立つとても貴重な経験となります。

(4) 学習指導の理解

　教育ボランティアで実際に授業を見る機会があることは、学習指導についての理解を深めるうえで大きな意義があります。授業を見ることで、それぞれの教科の授業のイメージをもつことができるので、大学での初等教科教育法などの授業の内容がより具体的なものとして理解でき模擬授業のプラン作成に大いに役立ちます。また、大学の授業をもとに小学校の先生方の学習指導の実際について理解をより深めることができるのです。

(5) 児童・生徒指導の理解

　学級経営で重要な児童・生徒指導について、学校現場で間近に見ることができます。各教科の授業と異なり、子どもたちの生活面や行動面についての指導は即時的に行われるので、間近で指導の様子を見ることで具体的な場面を通した児童・生徒指導の理解を深めることができます。さらに、アシスタント・ティーチャーとしての振る舞いや指導に生かすこともできます。

(6) 児童理解

　教育実習での「先生」の立場と異なり、教育ボランティアとして子どもたちと関わることで、子どものより"素"の部分を見ることができ、児童理解がより確かなものになります。何よりも子どもたちにとって、学生の皆さんは「先生」よりも近しい存在です。信頼関係が築ければ、相談を持ちかけられることもあります。また、休み時間にも積極的に関わることで理解を深めることができます。今の子どもたちの実際の姿から多くを学ぶことができるのです。

(7) 教職の自覚の深まり

　教育ボランティアとして小学校に入ることの一番の意義は、教職について理解を深めるだけでなく、「教師になること」の自覚を深めることができるということです。漠然としていた教師像が明確になり、子どもたちの実際の姿を通して児童理解が深まることで、自分のめざす教職のイメージとともに、強い自覚と覚悟がもてるようになります。

3. 教育ボランティアの種類

教育ボランティアにはどのようなものがあるのか見ていきます。

(1) アシスタント・ティーチャー

週に1回程度、継続的に小学校に行き、先生の「アシスタント」として子どもたちの学習支援をするのがアシスタント・ティーチャーです。スクールライフサポーターなど自治体により呼称は異なります。子どもたちには「先生」として紹介されます。教室で子どもと関わるので、教育実習に準ずるものとして取り組みます。

(2) 宿泊体験学習の付き添い

各小学校からの依頼で、4年生から6年生の宿泊を伴う体験学習や修学旅行の補助教員として1泊から2泊の日程で付き添います。内容は裏方の仕事や子どもたちへの指導補助、安全指導など多岐に渡ります。教室では見られない子どもの様子や、行事での全体指導、レク指導についても学べます。

(3) 学校行事の補助

運動会や遠足などの補助として取り組みます。また、夏休み中の水泳指導や学習補助の依頼もあります。いずれも、授業では学ぶことのできない行事などでの指導の具体や留意点について理解を深めることができます。

(4) その他の学外活動

その他の学外活動としては、昼休みの時間に小学校やこども園で読み聞かせを行う「お話聞かせ隊」や、地域の子どもたちと干潟の自然観察会を行う「海守り隊」、子どもたちとの遊びやイベントを通して児童理解を深める「ハッピースマイル」などの活動があります。

4. 教育ボランティアの責任と義務

教育ボランティアは、ボランティアの性格上、学生の皆さんの時間が空いている時に任意で行うものなので、ややもするとアルバイトやサークル活動などと同じように考える人もいるようです。しかし、これは大きな間違いです。教育ボランティアという名称ですが、これまで見てきたように、実際に教育現場に入り「先生」として教育活動に関わるということを考えれば、教育実習と同じ責任と義務が発生することを強く自覚しなければなりません。すなわち、教職をめざす者としての自覚と誠意を持って「先生」として取り組むことが求められるのです。

まず、何よりも重要なことは守秘義務があるということです。教育ボランティアで小学校で知り得たことは絶対に口外してはなりません。特に、子どもたちに関わることや学校に関わることをＳＮＳなどで情報発信することは厳に慎まなければなりません。たとえ、学生同士の日常の会話の中であっても話題にしてはいけません。守秘義務は「先生」の守るべき重要な義務なのです。

　次に、子どもに「先生」として関わることの責任と義務があります。服装や言葉遣い、態度から指導したことや行ったことまで、小学校での振る舞いや言動の全てについて自覚しなければなりません。何か問題が生じた時には、小学校の先生方や大学にすぐに報告する義務があります。また、アシスタント・ティーチャーや宿泊体験学習の付き添いは、小学校の教育計画に組み込まれているので、自己都合で勝手に休んだり、無断欠勤したりすることのないように心しなければなりません。

　教育ボランティアは、教師の身ごなしを獲得することなのです。

5. アシスタント・ティーチャーの取り組みについて

(1) 個別の学習支援

　それぞれの教室に入り、担任の先生の補助を行います。特定の児童の学習の補助を行う場合や、全体指導の中で気になる児童に個別的に支援する場合があります。支援対象の子どもは、主に理解に時間を要したり、立ち歩いてしまったりする子どもたちです。特別支援教育についての理解も求められますが、担任の先生の指示に従って適切な支援ができるようになります。まずは、休み時間に子どもたちと一緒に遊び、関係づくりを心がけ信頼関係を築くことが大切です。

(2) 担 任 補 助

　授業での学習活動に全体的な指導補助を行います。担任の先生の指示だけでなく、必要に応じて自分で判断して行うことが求められます。校外学習の引率補助や図工での安全指導、随時の子どもからの質問への対応など、全体的な視野が求められます。わからないことは担任の先生に質問して、適切な補助ができるようにします。

（3）個別支援級での支援

個別支援級の補助として入ります。学習活動や休み時間の遊びなどに関わりながら、子どもたち一人ひとりの支援を行います。専門的な知識も必要ですが、担任の先生の指導のもとで適切な支援ができるようになります。一日を通して、子どもたちと仲よくなることが大切です。

6. 宿泊体験学習の付き添いの取り組みについて

（1）活動計画に沿った補助活動

事前の打ち合わせで、しおりの活動計画に沿って具体的な支援についての説明があります。日程と活動の流れに沿って必要な動きが求められます。

荷物の搬入と搬出、イベントの準備と片づけ、食事や入浴、シーツなどの生活指導など分担された仕事を誠意をもって行います。チームとして先生方が協力して指導に当たる姿から学ぶことはたくさんあります。

（2）場に応じた指導

宿泊体験学習など学校以外の場での活動では、支援や指導を要する様々な事案が起こります。それらについて臨機応変な対応が求められるのです。

子どもたち一人ひとりへの対応だけでなく、全体指導が必要な場面もあります。特に安全に関わることには即時的な指導が必要です。子どもたちに目を配り、積極的に動くことが大切です。気配り、心配りが求められます。

学校では見られない子どもたちの姿から児童理解を一層深めることができます。

7. 学校行事の補助ボランティアの取り組みについて

（1）運 動 会

前日の会場準備からお手伝いをします。当日は朝早くからの準備と、登校後の指導、競技中、観覧中の指導などの補助をします。運動会終了後の片づけの補助まで一日の先生方の動きがよくわかります。先生方の大変さを知るとともに、運動会という大きな行事に参画した喜びも大きいものです。

(2) 遠足や社会科見学

校外での活動に引率支援として参加します。担任の先生と打ち合わせをして適切な支援ができるようにします。特に、公共性や安全面での指導が求められます。

(3) 夏休み中の学習や水泳指導

夏休み中に登校して学習や水泳を行う子どもたちへの補助者として支援します。アシスタント・ティーチャーに準じますが、夏休みに集中して取り組みます。

8. その他の教育ボランティアについて

小学校でのボランティア活動には、小学校から依頼のあるアシスタント・ティーチャーや宿泊体験学習の付き添いの他に、学生が自主的に活動するものがあります。小学校やこども園で行う読み聞かせや、校外で行う遊びの楽こう、干潟で行う自然観察会などがあります。対象も、小学校の児童だけでなく、こども園の幼児や中学校の生徒まで多様です。子どもの発達について実際の姿から学ぶことができます。

9. 教育ボランティアでの学びについて

　教育ボランティアを体験することで多くのことが学べます。以下は、教育ボランティアを行った先輩方の声の一部です。

・小学校の様子がよくわかった。最初は子どもたちとどう関わったらよいかわからなかったが、休み時間に子どもから声をかけてもらい一緒に遊ぶうちに仲よくなり、普通に声をかけることができるようになった。いろいろな学年のクラスに入ったので、1年で子どもがとても違うことがわかった。大学の授業だけではわからない子どものことが理解できた。

・子どもがわかる授業とはどんな授業かを卒業論文のテーマにしたので、授業の仕方を見させていただいたが指導の難しさがよくわかった。何よりも子どもとの関わりが大切なことがわかった。自分が教育実習で授業をするときの参考にしたい。授業の準備の大変さと教材研究の大切さがわかった。

・私は個別支援級に入っていました。すぐに仲よくなった子もいましたが、そうでない子もいてどう声をかけたらよいか悩んでいました。先生のアドバイスもあり、一緒に絵を描いたりボールで遊んだりしました。上手にできたときにほめたら、笑顔をみせてくれました。そのときは本当にうれしかったです。

・4年生の宿泊体験学習に3回行きました。同じ3年生でも学校によってちがうことがわかりました。活動も学校毎に特色があり興味深かったです。キャンプファイヤーも、子どもが司会する学校、先生が司会と進行をする学校がありました。活動は違いますが、子どもたちが楽しく活動ができるように先生方が準備をしていることがわかりました。

・私がアシスタント・ティーチャーをしてみてよかったことは、先生の仕事がよくわかったことです。先生は授業をするだけでなく、休み時間や授業が終わってからも子どもたちと関わっていました。子どもたちが、先生が好きなのがよくわかりました。私もその先生のような教師になれるように頑張りたいと思いました。

10. 教育ボランティアの留意点

(1) 面接と登録

　教育ボランティアを希望する学生は、年度当初に面接を行います。心構えと志望理由を問いま

す。自分の言葉で答えられるようにしてください。面接で許可がでたらボランティア登録をします。

(2) 学校との連絡

配属校が決まったら、小学校へ面接と打ち合わせの連絡（電話）を入れます。面接の日が決まったら、学校に伺い打ち合わせを行います。服装や言葉遣いに気をつけましょう。上履きを持参するとよいです。

(3) 大学への報告・相談

打ち合わせが済んだら、「ボランティア活動届け」を大学に提出します。活動が始まり、困ったことが出てきたら、小学校の先生だけでなく大学の担当教員にも相談してください。

(4) 活動記録と研修

特にATの活動では、記録を取ることが大切です。気づいたことや学んだことだけでなく疑問や課題も記録しておくことで、実習や今後に生かすことができます。また、研修での学びも重要です。

(5) 教育に関わる自覚を

以下は、これまでにあった問題事例です。皆さんは小学校での教育に関わるという自覚を持ってそのようなことがないよう銘記してください。

- 無断で休むこと…体調が悪くなることもあると思います。休む時は必ず学校に電話を入れること。無断欠勤は社会人としては許されません。
- 連絡がとれないこと…「連絡もなく突然来なくなって困っている。」「宿泊体験学習の打ち合わせ日の連絡をしたいが連絡がとれない。」という連絡が入ります。報告・連絡・相談は必須です。信用の問題です。
- 子どもとの適切な距離がとれないこと…子どもとの関わりがフレンドリー過ぎてけじめがつかない。言葉遣いが先生としてふさわしくない。子どもをあだ名やちゃん付けで呼ぶなど適切でない関わりが問題になりました。「先生」としての心構えと身ごなしが求められます。
- 子どもと個人的な関わりをもつこと…担任の先生の許可なく子どもにアドレスや住所を教えて休みに遊びに行く約束をしました。校外での子どもたちとの関わりは厳に慎んでください。

（山下　俊幸）

第3節　教員採用試験の実際

1. 教員採用試験について知ろう

（1）教員採用試験で試されるものは？

　教員採用試験は、各都道府県や政令指定都市の教育委員会が、教諭として採用する人材を求めて行う試験です。各教育委員会では、中央教育審議会答申に示された「優れた教師の条件」等を踏まえ、「めざす教職員像」を定め、それにかなう人材を求めて教員採用試験等を行っています。教員採用試験を受験する人は、中央教育審議会答申に示された「優れた教師の条件」や受験する自治体の「めざす教職員像」を知っておく必要があります。採用試験で試されるものは、それぞれの条件に示された項目に関わる内容なのです。

（2）教員採用試験はどのように行われるのか？

　教員採用試験は、多くの場合、1次試験と2次試験（3次試験を行う教育委員会もある）が行われ、1次試験合格者が2次試験に進みます。

（3）教員採用試験はいつごろあるのか？

　教員採用試験は、各教育委員会毎に行われています。平成27年度に行われた教員採用までのスケジュールは次のようでした。
　　①1次試験　7月、②2次試験　8～9月、③3次試験　9月、④合格発表　8～10月
　　⑤採用内定　8～12・2月
　上記のスケジュールを参考に、受験する教育委員会の予定を確認しましょう。

（4）教員採用試験の内容は？

　教員採用試験の内容は、①筆記試験、②作文・小論文試験、③実技試験、④面接試験（個人・集団）、⑤場面指導、⑥学習指導案作成、⑦模擬授業・集団討論、⑧適性検査等です。しかし、1つの教育委員会の試験でこれら全てについて試験が行われるわけではありません。受験するところの試験内容について確認し、受験準備をすることが必要です。
　教育委員会によって違いはありますが、1次試験は筆記試験を中心に行われ、2次試験で作文・小論文（1次試験日に書き、1次試験合格者だけ採点される場合があります）や実技、面接（個人・集団）、場面指導、模擬授業・集団討論、適正検査等が行われます。

では、小学校教員採用試験内容について、詳しくみていきましょう。

① 筆 記 試 験

筆記試験は、ア）一般教養、イ）教職専門、ウ）教科専門（小学校全科）の3領域について行われます。

ア） 一 般 教 養

常識として知っていると思われる内容について出題されます。以下のa.〜c.について、復習や勉強が必要です。

a. 中学校から高等学校までの学習内容（国語、社会、数学、理科、英語、その他）
b. 社会時事（新聞やテレビ等で報道されている内容で、ノーベル賞、世界遺産、ユネスコ無形文化遺産、地球温暖化、自然災害、ラムサール条約、ワシントン条約、ハーグ条約、オリンピック、再生可能エネルギー、pm2.5、TPP、IPS細胞、ICT機器、メタンハイドレード等）
c. 当地問題

イ） 教 職 専 門

大学の講義で学んだ内容や中央教育審議会答申、文部科学省からの通知等に関連した内容を中心に出題されます。

各大学では、「履修要綱」に示された「教職に関する科目」の講義で学ぶことになっています。しかし、実際の教員採用試験では、大学での講義内容に加え、講義で学んだ以外の内容の出題もあります。講義内容の習得とともに、以下のa.〜h.について、勉強しておくことが必要です。

a. 学習指導要領関係（学習指導要領、総則、特別の教科道徳、特別活動、総合的な学習の時間、学習指導要領関係の答申や通知等）
b. 生徒指導関係（いじめ、体罰、不登校、問題行動に関する通知・報告、「児童生徒の問題行動等生徒指導上の諸問題に関する調査」結果、児童虐待の防止等に関する法律、児童虐待防止に向けた学校等における適切な対応の徹底について（通知）、いじめ防止対策推進法、生徒指導提要等）
c. 特別支援教育関係（特別支援教育の推進について（通知）、特別支援教育制度に関わる答申等、LD・ADHD・高機能自閉症等の定義と対応、特別支援学級や通級による指導に関わる学校教育法との関連条文、発達障害者支援法、障害者基本法等）
d. 人権教育・同和教育関係（同和対策審議会答申、同和教育の歴史、世界人権宣言、人権教育及び人権啓発の推進に関する法律、人権教育・啓発に関する基本計画、人権教育の指導方法等の在り方について等）
e. 教育関係法規（日本国憲法、教育基本法、学校教育法、学校教育法施行令、学校教育法施行規則、学校保健安全法、地方公務員法、教育公務員特例法、教育職員免許法、地方

教育行政の組織及び運営に関する法律、学校図書館法、食育基本法、学校給食法、著作権法等）
- f. 教育心理（発達、人格、学習、学級集団、教育評価等の用語や理論内容と提唱者）
- g. 教育史（西洋教育史、日本教育史）
- h. 教育時事（現行制度に関わる答申・報告等で、教育振興基本計画、教職生活の全体を通じた教員の資質能力の総合的な向上方策について（答申）、学校評価ガイドライン、教育の情報化に関する手引き、今後の学校におけるキャリア教育・職業教育の在り方について（答申）、学校安全の推進に関する計画、全国学力・学習状況調査結果、情報教育、キャリア教育、環境教育、食育、安全教育等）

ウ） 教科専門

小学校教員採用試験においての教科専門試験では、小学校全科目についての問題が出題されます。以下のa.～c.について、復習や勉強が必要です。
- a. 学習指導要領（国語、社会、算数、理科、生活、音楽、図画工作、家庭、体育、外国語活動）
- b. 各教科毎に小学校から高等学校で学習した内容
- c. 英語（外国語活動との関連で出題されます。）

② 作文・小論文試験

小学校教員採用試験の作文・小論文試験の準備をするには、ア）題、イ）表記や表現、ウ）構成等について勉強し、十分に練習することが必要です。

ア） 題

作文・小論文の題は、a. 教育論、b. 教師論、c. 生徒指導・学習指導、d. 抽象的な題等の中から出題されています。
- a. 教育論（生きる力、確かな学力、豊かな人間性、学習意欲の向上、生命の尊重、共に学ぶ、校種間連携、キャリア教育、温かさと厳しさ、若い世代の育成等）
- b. 教師論（実践的指導力のある教師、信頼・尊敬される教師、学び続ける教員、どのような教師になりたいか等）
- c. 生徒指導・学習指導（いじめ防止、不登校対策、規範意識の育成、学級経営、積極的な生徒指導、読書活動、「確かな学力」の育成に向けた授業づくり、言語活動の充実、コミュニケーション能力の育成、安全教育等）
- d. 抽象的な題（いのち、ハードル、こころ、環境、響き等）

イ） 表記や表現

作文・小論文を書くときは、表記や表現について次のような点に気を付けなければなりません。

a. 原稿用紙の使い方、b. 文体の統一、c. 句読点や記号の使い方、d. 数字の使い方、e. 漢字

とかなの使い方、f. わかりやすい表現、g. 用語の使い方

ウ）作文・小論文の構成

「序論　本論　結論」で構成するのが一般的です。a. 序論、b. 本論、c. 結論は、それぞれ次のような点を考え、書きましょう。

　a．序　論

　　「題」を受け止め、自分の考え（教育観や指導観）を明確に示す。

　b．本　論

　　序論からの流れを受け、自分が実践しようと考えること（一般論は避ける）等やそれらの意義等を明確に示す。

　c．結　論

　　序論、本論で述べてきたことを統括的にとらえ、自分の考えを主張する。また、今後に向けた抱負やそれに関わる努力等を示す。

③　実技試験

　小学校教員採用試験での実技試験は、体育、音楽、図画工作、外国語活動で行われています。受験する教育委員会の試験で実技試験がある場合は、早い時期からの練習等が必要です。

④　面接（個人、集団）試験

　最近の教員採用試験では、面接試験が重視されています。面接の試験官は、教育委員会職員や現職の校長、教頭（副校長）です。これに加えて民間企業の人事担当者、臨床心理士、保護者等を起用している教育委員会もあります。

　面接は、a. 個人面接と b. 集団面接があります。集団面接では、集団討論を行う自治体が多くなっています。面接試験に向けて、礼儀作法をはじめ服装、言葉遣い、応答等についての練習と教職専門についての勉強が必要です。

　a. 個人面接（姿勢・態度、判断力・表現力、堅実性・信頼感、協調性・社会性、意欲・積極性、専門性等をみる質問）

　b. 集団面接（協調性や対人関係能力等をみる質問や展開）

⑤　場面指導

　場面指導は、学校生活での様々な場面を提示され、他の受験者を児童に見立てその場や学級で指導したり、試験管を児童や保護者に見立てて児童や保護者に指導・対応するという試験です。題が示され5分程度で指導する場合や個人面接の質問のなかで具体的な指導や対応のあり方を質問されたりします。最近の試験では、個人面接での場面指導が多くなってきています。実習や教育ボランティア等での経験も踏まえ練習すべきです。

⑥　学習指導案作成

　教育委員会によって違いますが、試験当日に題を提示し本時の学習指導案の作成を求めるところ、事前に作成した本時の学習指導案の提出を求めるところ、指導案がないところがありま

す。学習指導案の様式等については、教育委員会から指示があります。

⑦ 模擬授業・集団討論

　他の受験者を児童に見立て、テーマに沿い、1時間の授業の導入から展開にかけての部分（5～10分程度）の授業を行います。授業の構成や板書、掲示、発問、指示、授業に臨む姿勢や態度等がみられます。

　模擬授業後の集団討論では、各受験者が授業計画についての自己評価等を発表し、その後模擬授業や自己評価を踏まえ、テーマに沿って協議を行う等しています。教育委員会によって内容が大きく異なっていますので、受験先の内容を早い段階で調べ、内容に応じた準備が必要です。

⑧ 適性検査

　適性検査として、クレペリン、SPI2-P、Y-G、MINI124、MMPI、質問紙法等の検査が行われています。

2．教員採用試験に向けた準備を始めよう

(1) 4年生のスケジュールは？

　教員採用試験で合格するための準備を考える際に、1次試験が行われる時期と4年生の4月から1次試験までのスケジュールをしっかり理解し、それを踏まえて計画を立てなければなりません。

　4年次に教育実習を行う4年生について、4月から1次試験までのスケジュールを見てみましょう。

　　4月　授業開始
　　　　　実習校との連絡調整
　　　　　教員採用試験応募（願書作成・提出準備等）
　　5月　実習開始（3～4週間の実習）
　　6月　実習終了（月末終了）
　　7月　教員採用1次試験（神奈川県、横浜市、川崎市、相模原市等は7月中旬頃、他の自治体では7月上旬もあります。）

　このようなスケジュールの中で、教員採用試験の準備をしていかなければならないことを考えれば、4年生になってから本格的な準備をするのでは、準備不足のまま試験を受けることになります。

(2) 履修した内容と教員採用試験で出題される内容は？

　先に述べたように、教員採用試験の1次試験問題と2次試験の内容をみると、大学の講義で

学んだことやそれより広い範囲の内容についても出題されています。必修科目や選択科目として履修した内容と履修しなかった内容をしっかり整理し、履修しなかった内容については自分で勉強しておかなければなりません。

（3）自分の不得意な教科等への対策は？

教員採用試験の過去の問題を参考にし、不得意な教科については、小学校から高等学校までの学習内容の復習と練習をしておきましょう。一般教養や教職専門についても過去の問題等を参考にし、弱点を補うための参考書等を活用し対策を進めましょう。

（4）いつから、どのように準備を始める？

教員採用試験の内容、大学4年生の4月から教員採用1次試験までのスケジュール、自分の不得意な教科や分野等を考え、計画を作成しましょう。小論文、面接、指導案や模擬授業、場面指導、集団討論、実技試験で合格を目指すには、練習に十分時間をかける必要があります。一般教養や教科専門（教科に関わる内容の一部）の勉強は、1年生からでも始められます。教職専門や教科専門（指導要領に関わる内容）の勉強は、「教職に関する科目」を受講する時から始めましょう。また、選択教科で受講していない科目（教員採用試験で出題される内容の科目）についての勉強も同時に始めましょう。2次試験対策は、教育支援センター等の教員採用試験対策講座に参加し進めましょう。そして、3年生終了時には大方の準備が終わるようにしましょう。

3．教育支援機関を活用しよう

各大学には多くの場合、採用されるに相応しい実力をつけるための教育支援機関があります。例えば関東学院大学の場合、教育実践センターがあり、そこでは、教員採用試験の受験希望者を対象に、2次試験対策講座を開講しています。作文・小論文作成、個人面接、集団面接、場面指導、指導案作成、模擬授業、集団討論等の演習を行っています。

このように、教員採用試験合格をめざす人は、各学校の教育支援機関の対策講座に積極的に参加し、2次試験合格のための力を蓄えましょう。

【参考文献】
1. 東京アカデミー（2012年）.「教員採用試験 PART.1　実践編」,『2014年度　教育採用試験パーフェクトガイド』（株）ティーエーネットワーク，1，PP.13－33
2. 文部科学省（2008）.『小学校学習指導要領』2008年3月告示
3. 文部科学省（2008）.『小学校学習指導要領解説　総則編』東洋館出版社
4. 文部科学省中央教育審議会（2012）.「教職生活の全体を通じた教員の資質能力の総合的な向上方策について（答申）」2012年8月答申
5. 文部科学省初等中等教育局教職員課（2015）.「平成27年度教員採用等の改善に係る取組事例」2015年1月教職員課長通知

（遠藤　健次）

第2章 学級をつくる

第1節　教室環境づくりと学級経営

第2節　発達障害の理解と支援

第3節　問題事態への対応

第4節　特別支援学級の学級づくり

第5節　非行への理解と対応

第1節　教室環境づくりと学級経営

1. 教室環境は有形

　教育活動は「無形」です。授業づくり・学級づくり、受容的態度・語りかけ、学び合い・自ら学ぶ…このように、教育の「ものごと」は無形です。この目に見えない「無形を追究する」ことに教育の難しさがあるとも言えます。

　だが、「有形」なものがあります。それが教室環境です。どの学校にも「教室」があり、その数だけ「教室環境づくり」があり、いつでもどこでも「見る」ことができるのです。ボランティア、アシスタントティーチャーなどで、学校現場に足を運んでいることでしょう。その現場の「本物」を見てほしいのです。校長先生や担任の許可を得て学校中の教室を見てまわることをお勧めします。「実物」に勝る資料などありません。「現場の本物」を見てください。では、「何」を見るのでしょうか。

2. 教室環境は「美化」ではない

　「教室環境づくり」というと「教室をきれいにする」「整頓する」のような外形的な「美化」をイメージしがちです。しかし、それはあまりに表面的な捉えです。

　教室環境は有形なだけに、若い教師でも取り組みやすいという特性があります。しかし、その反面、「形にとらわれて、本質を見失う」という危険性もあります。ここで言う「形」とは「教室の美化」であり、「本質」とは「学級づくり」です。

　教室環境づくりを単なる「美化」と考えていては、教室環境は「教育環境」として機能しません。教室環境づくりの本質、目指すものを大きく3つにまとめることができます。

　①身体的な安全の確保
　②精神的な安定の確保
　③「子どもたちの自主」の促進

　この3つの視点から教室を見て回ることが求められるとも言えます。では、一つずつ解説していきましょう。

3. 身体的な安全の確保

　これは説明が不要なほど、当然なことです。
　たとえば、「運動場側の窓際に机や戸棚などが置いてないか」　これらの上に子どもが乗り窓から外に転落するという事故が起きています。子どもたちの安全を確保することは「当然」のことです。学級という集団生活には予想もつかないような事故が起きます。教室環境づくりのスタートは「子どもたちの安全確保」です。
・画鋲が落ちそうになっていないか。
・机の横のフックにかけられた体操着袋が床に垂れ下がっていないか。
　こんな「常識」を1つ1つあげていくページの余裕はありません。「実際の教室を見る」「現職教員に聞く」を通して、こんな当たり前のことを確実に着実に実践していくことです。

4. 精神的な安定の確保

　人は、自宅、自分の部屋にいると落ち着きます。教室も同じです。子どもたちが余計な緊張や不安を感じずに安心していられる場所にしていくことが求められます。そのような精神的な安定を確保した場を「居場所」という言葉で表現しています。教室環境をそのような居場所にしていくことです。
　「居場所」というと、学級の中にあたたかな人間関係が作られ、その中で攻撃も非難もされることなく安定的に位置することができるという意味合いです。そのような「精神的な居場所づくり」に「物理的な教室環境」をどのように寄与させていくのでしょうか。
　その具体例として「整理整頓」を挙げてみましょう。
　まず、写真を見てください。このようなロッカーを目にすると、子どもたちの心の荒れを見るようでつらくなります。学級の荒れは、写真のような「教室環境の荒れ」という形で表れてきます。机は曲がったまま、床にプリントが落ちている、体操着袋がころがっている…これらが学級の荒れの始まりです。

　では、次のロッカーはどうでしょうか。
　整然としたロッカーを見ると「統一感や秩序が見えてくる」という感じがしませんか。
　学級は最初「烏合の衆」です。そこに「秩序」を作り出し、烏合の衆を「集団」

としていく教師の営みが必需です。しかし、秩序は見えません。「秩序」を生活の具体的場面・状況を通して具体的に示していかなければなりません。その「見えない秩序」が子どもたちに見えてくるものの1つが「整理整頓」なのです。子どもたちに「教室がきちんと整っている」など統一感という秩序を実感させ、「安定的な集団生活」を実感させていくのです。整理整頓という見える秩序が「落ち着き、穏やかさ」という「安定的な居場所」をつくりだしていくのです。

このように、「整理整頓」には、単なる「美化」ではなく「秩序の可視化」という意図があるのです。もう1つ、教室環境が「学級の人間関係」を表現しているという例を示してみましょう。

○ 堕落の始まり

教師はみんな教室をきれいにしたいとは思っています。しかし、現実に「きたない教室」は存在します。乱雑で整理整頓されていない、床にプリントが落ちている、ロッカーの上に学習ファイルが雑然と放置されている。そういう教室を見ると「なぜ、どうして」とがっかりしてしまいます。

「教室を使えば汚れる。汚れたら掃除する、整頓する」この当たり前のことをすればいいのです。「ものが落ちている」という教室環境の中に、落ちているものを拾わない、そのままにしておくという子どもたちの「感覚」が表現されてしまっているのです。このような教室環境にはもっと大きな危険が待っているということを意識してほしいのです。

○ 「画用紙の切れ端」は許せる

「床のあちこちにものが落ちている」これは「学級の荒れ」の始まり、予兆です。

「窓ガラス一枚が割れている。それを放置すると学校の荒廃が始まる」というのが中学校の定説です。小学級の荒れは、「床にものが落ちている」ことから始まります。床に「ごみ」が落ちているのはある程度許せます。工作で使った画用紙の切れ端が落ちているのはいい、消しゴムが転がっているのはまだいいと思います。なぜなら、工作で画用紙を切るという子どもの活動が行われたからです。ノートの字を消しゴムで訂正するという子どもの活動があったからです。

「教室を使わないできれいにしておく」などというのはありえません。

教室で教育活動が展開されれば当然ごみが出るし、汚れます。汚れれば掃除すればいいのです。教室を使えば汚れる、汚れたら掃除します。

だから、ごみが落ちていないのにこしたことはないのですが、消しゴム、画用紙の切れ端などがいくつか落ちているのはかまいません。だが、床に落ちていて「危険なもの」があります。何でしょうか。

○ 「未使用の画用紙」は危険

それは、学校からお知らせ・プリント類・未使用の画用紙などです。こういったものが落ちていてもだれも拾わないというのは、危険信号です。

学校からお知らせ・未使用の画用紙はごみではありません。だれかの「落し物」です。それを拾うとしない学級・子どもたちに、そして、担任に違和感を覚えます。「落ちている落し物を拾って、持ち主にもどしてあげる」というまっとうな行為を子どもたちがしないということです。それは、「心の荒れ」の予兆です。「床にものが散乱していることに何とも思わない」という心の荒れ、「拾ってあげる」という行為が「いい子ぶって」など攻撃・非難となるという心の荒れ・・・そういう危機感をもっていることです。

そこまでいかなくても、掲示物がはがれている、画鋲がひとつ取れ貼った絵が傾いている、3ヶ月も前の作品がそのまま掲示されている。これらは担任の怠惰・怠慢の証明であり、これは「教師の荒れ」という危険信号です。「怠惰・怠慢の教室環境」の中では、落ちたものを拾ってきれいにしようという子どもたちは育たないでしょう。

このように教室環境は学級の子どもたちの精神的安定、あるいは、人間関係の指標なのです。

5.「子どもたちの自主」の促進

「きれいな教室」は望ましい状態と考えるのが普通ですが、そうでない場合もあります。「きれいな教室」の担任の場合、基本的生活習慣をきちんと指導していることが多いです。しかし、「しつけること」を学級経営すべてと錯覚している場合は危険です。子どもたちが「自ら動く」ことより「教師の指示・命令によって動く」という管理型になりがちです。そのため、「子どもたちが静か」で、「教室がきれい」なのです。「きれいな教室」の要注意点とは、「教室を使えば汚れる、汚れたら掃除します」の「教室を使う」が子どもの自主を基調としたものになっていないという危険性です。

「教室環境をきれいにする」という形式的な整備に没頭してしまうと、「子どもたちとともに、子どもたちの活動とともに創り出す」をどこかに忘れてきてしまうのです。

○ 「生きている教室」

教室は「生きている」のです。次の写真や文から何を感じますか。

これは教室に掲示された学級目標です。その目標は「星さがしロケット22ごうはっしゃ」です。

2年2組の子どもたちがロケット22号にのって、星を探しに行こうという意味です。そして、探しに行く星は「げんき星・がんばり星・なかよし星」です。

そして、探した「星」を下のような星にして、掲示していくのです。

9班の子どもたちが給食当番をしていて、給食担当の先生から「りっぱにできた。1年生のときから上手になった」と誉められました。そのことを「がんばり星」として掲示したのです。このような活動を一年間継続的に進め、徐々に「星」が増えていきます。それらの星はみんなの活動歴であり、それらは「学級の誇り・自慢」でもあるのです。

このような実践を見ると、教室は単なる場ではなく、「学級への1人1人の所属感」「学級の凝集性」「あたたかな人間関係」そういった「本質」が表現されるのが教室ということが理解できると思います。教室環境に「子どもたちの学級生活そのものの」を表現していくのです。教室とはそういった生活の場なのです。

係の活動計画が、学習の作品が、現在進行中の学習の教材が、子どもたちの観察カードが、学級目標が・・・教室環境を作ります。学級の子どもたちの生活、暦、意思、計画、見通しが見えてきます。だから、教室環境は「整える」ものではなく、「子どもたちとともに創り出す」ものなのです。教室環境が子どもたちの息吹、躍動感を発しているのです。

6. 教室環境は「教師自身」

「教室環境は教師が整えるのではなく、子どもたちとともに創り出すもの」と述べました。言い換えれば、「教育環境づくりは教育活動そのもの」ということです。

そして、その教育活動は当然のことながら教師の教育観に支配されます。

だから、教室環境には「教師」が漂ってくるのです。

教室には、学級には「雰囲気」があります。雰囲気とは子どもたちが作り出すと言いたいのですが、実は「教師自身」なのです。教室には、教師のすべてが出ます。「裸の自分」が漂っています。教室に入ると、担任のセンス、指導の丁寧さ、熱心さ、指導の計画性、成果・・・それらすべてが感じ取れます。教室環境に「教師としてのすべて」が表出してきます。そういう「おそれ」をもっていてほしいのです。

教室環境づくりは何か施設的な物理的な整備と考えがちですが、子どもたちの息吹、教師のすべてが投影されるものなのです。それが「雰囲気」です。教室環境という「有形」に「子ど

もたちの息吹」「教師の指導観」という「無形」が表現されるのです。

　その「有形」「無形」のエピソードを紹介して、本節を終えることにしましょう。ある先生のエッセイを紹介します。

> 　30年も前のことです。そのときの勤務校は毎年研究発表会を開いていました。だから、私も毎年、市内市外の多くの教員を前に授業を公開していました。それは5年生の担任でした。公開授業の当日のことです。
> 　1時間目の授業中、教室の後ろのロッカーの上に花瓶にさしてある花が2つあるのに気づきました。今日の研究授業のためにだれかが持ってきてくれたのでしょう。
> 　しかし、いつもは花がないのに公開授業のときに花があるというのは、私には照れくさい。そこで、授業中、子どもたちに気づかれないよう、2つの花瓶をそっと端に動かし、目立たないようにしました。すると今度は、中休み、女の子がふたりその花瓶を動かして元の位置に戻していました。
> 　私は聞いてみました。「この花どうしたの」
> 「私たちふたりで買ってきました」
> 「お金はどうしたの。お家の人に出してもらったの」
> 「いいえ違います。ふたりのお小遣いを出し合いました」
> 　子どもたちの気持ちがひしひしと伝わってきました。公開授業に対する子どもたちの気持ち、「私たちを見て、私たちの学級を見て」という意欲・学級への凝集性・誇り…それらを強く感じました。

　「花をかざる」これも教室環境です。そして、子どもたちが自ら創り出しています。そして、そこには「私たちを見て、私たちの学級を見て」という子どもたちの強い気持ちがこもっています。それまでの授業づくり・学級づくりによって教室に子どもたちの強い所属感が満ちあふれてきたのです。子どもたちはそれを教室環境に反映させようとしたのです。子どもたちみんなの気持ち、「心」を教室環境に表現したかったのです。

　ここに教室環境の本質があります。教室環境は教師が創り出すものでも、静的なものでもありません。教室環境は子どもたちが創り出す、動的なものなのです。

　「子どもたちが創り出す教室環境」これまでの授業づくり・学級づくり、その中核を占める「子どもたちの自主」、それらすべてが「教室環境づくり」に表現されるのです。「教室環境」は「有形」ですが、それまでの継続的な教育活動の総体という「無形」が表現されるのです。

　ボランティア先の学校の教室をのぞいてみましょう。その教室に表現された「無形」が見えてきましたか。

（松永　昌幸）

第2節　発達障害の理解と支援

1. 発達障害とは

　近年、通常の学級の中で「読む、聞く、書く、話す、計算する、または推論するなど特定の学習がうまくいかない」、「落ち着きがなく集中力が続かない」、「友達とうまく関われない」といった問題を示す子どもたちへの理解と支援が課題となっています。平成14（2002）年に文部科学省が行った調査によると、「通常の学級で学習面や行動面で著しい困難を抱える」と教師によって報告された児童生徒の割合は、全体の6.5％に達することが明らかとなっています（図2.2.1）。これは30人の学級であれば1〜2人は存在するという割合です。つまり、発達障害のある児童生徒は、どの学校にも、どの学級にも必ず存在するという認識が必要なのです。

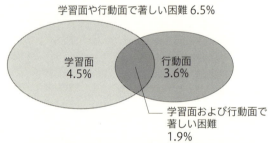

図2.2.1　知的発達に遅れはないものの学習面や行動面で著しい困難を示すと担任教師が回答した児童生徒の割合（改定：2012）

　発達障害は生まれつきのもので、脳機能の発達に何らかの要因があると考えられています。発達障害の共通した特徴として、知的な能力とは独立した、認知、言語、運動、社会的技能などの獲得に、遅れやアンバランスさ、発達の偏りなどがあげられます。

　発達障害は他の障害に比べて「目に見えにくい、見えない障害」と言われることもあり、その理由は、知的な遅れが伴ってもそれが軽度なものや遅れが伴わない、もしくは、知的に優れている者も存在するからです。そのために、「障害により苦戦している」とは理解されずに、これまでは、親の養育の問題であるとか、本人の努力不足の問題などと誤解されることが多く、発見と支援が遅れることがしばしばありました。

　しかし、最近ようやく、このような児童生徒たちにも、特別支援教育として各自のニーズに合った教育を受けることが可能になりました。つまり、今まで知的な問題がないために、公的支援の対象にならなかった発達障害の児童生徒が、通級指導の対象となり、また通常の学級の中でも支援を受けることができるようになったのです。

　本章では、発達障害の代表例として、知的障害（MR）、自閉症スペクトラム障害（ASD）、注意欠陥/多動性障害（AD/HD）、学習障害（LD）などについて、その障害の特徴と支援方法について解説していきます。

2. 知的障害（MR）

(1) 知的障害と精神遅滞

知的障害となる原因は様々ですが、知能検査（TK式田中ビネー知能検査やWISC-IVなど）によって、測定された知能指数（IQ）が、70以下の場合、知的障害といいます。知的障害は精神遅滞とほぼ同義として扱われ、育・行政機関では知的障害、医学では精神遅滞と表現することが多いのですが、厳密には異なります。精神遅滞とは、知的障害により社会的な適応障害を生じた場合と定義されています。

(2) 軽度知的障害と境界知能

精神遅滞（知的障害）は、知的レベルによって分類されています。知能指数（IQ）が35以下の場合を重度、35–50の場合を中度、50–70の場合を軽度と示されています。

通常の学級における一斉授業で学習内容を理解していくには、およそ85以上の知能指数（IQ）が必要とされていますが、（IQ）が70–85を示す場合は（「境界知能」と呼ぶ）、明らかな知的障害と言えないが、学習場面で理解の遅れや困難をしばしば示すことがあります。さらに、通常の学級には、（IQ）が50–70を示す軽度知的障害レベルの児童生徒も存在することがあります。

しかし、軽度知的障害や境界知能の児童生徒は、中学生年齢前まで気づかれず対処されないことがあり、そのために生じやすい問題として、学業・対人関係・生活習慣等の苦戦、学校生活のストレスの強さ、自尊心の低下、いじめ被害、不登校など二次的な障害に陥ることがあります。ゆえに、早期発見と適切な支援が重要になります。また、両親が子どもの障害を受容するまでに時間を要する場合があるため、学校と保護者が丁寧な話し合いを重ね、「本人が自立して社会生活を送る」という将来のビジョンを共有しながら、支援を行う必要があります。通常の学級における、知的水準の関係を図2.2.2に示します。

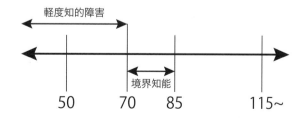

図 2.2.2 軽度知的障害と境界知能の関係

3. 自閉症スペクトラム障害（ASD）

(1) 自閉症スペクトラム障害とは

　自閉症スペクトラム障害は、重度の知的障害を伴う場合から、知的障害を伴わない、もしくは高い知能を有する場合まで、幅広く存在しています。

　知的障害を伴わない場合は、これまでアスペルガー症候群や高機能自閉症などと呼ばれてきましたが、精神疾患の分類と手引き『DSM–V』の改訂より、自閉症スペクトラム障害の診断名に包含されることになりました。

　自閉症スペクトラム障害は、主に、①社会性の障害、②コミュニケーションの障害、③想像性の障害とそれに基づくこだわり行動、などの特徴があるとされています（ウイング、1996）。これら3点について概説します。

　①　社会性の障害

　社会的相互作用の質的障害ともいわれ、他者と人間関係を形成したり、気持ちの共有に困難さが生じることがあります。これは単に'人と関わろうとしない'といったことではなく、関わり方に独特な特徴があることを意味します。しかし、これらのタイプは固定的なものではなく、発達によって変化していきます。ただし、すべてのタイプに共通する特徴として、他者の気持ちへの共感や理解に困難さがあることが指摘されています。

　②　コミュニケーションの質的障害

　自閉症スペクトラム障害は、他者とのコミュニケーションに問題があるとされています。それはことばが獲得されていないことや、ことばの発達の遅れという形で出てくることもあるし、ことばの遅れがなくても、ことばの使い方や理解の仕方の問題として現れることもあります。たとえば、相手のことばをそっくり返してしまう（オウム返し）、延々とコマーシャルの台詞を独り言のように繰り返す、また、他者との会話が一方的で自分の興味のあることばかり話してしまう、などがあげられます。つまり、他者とことばのキャッチボールがうまくいかないことが、コミュニケーションの質的な障害となるのです。

　③　想像性の障害とそれに基づくこだわり行動

　コミュニケーションがうまくいかない背景には、人の気持ちや場の雰囲気がつかめない、比喩や皮肉、冗談などの理解が苦手で言葉通りの理解をしてしまうことがあります。たとえば、「胸が高鳴る」「膝が笑う」という言葉をそのまま受け止めてしまうため、（「胸は鳴かない」「膝には顔はない」といった具合に）、「意味が理解できない」となるのである。すなわち、人の気持ちや状況・場面等を想像したり理解することに困難さを抱えていることが、想像性の障害といわれる理由です。

さらに、特定の事物に対する反復的で情動的な行動、興味や関心ごとへの強い執着など、いわゆる「こだわり」といわれるものがあります。ある物の状態や行動の手順などに固執し、それを変えられることに強い抵抗を示すことがあります。時には、何かがいつも通りでないとパニックを起こすこともあります。また、ある活動にのめりこみ、延々とそれを繰り返すこともあります。知的能力の高い場合には、昆虫や恐竜、植物など、特定の対象について「〇〇博士」と呼ばれることもあります。

(2) その他の特徴

その他、日常場面で見られる行動として知覚の問題があります。たとえば、他の子どもが気にならないような音に過敏に反応したり（例：音楽の時間に笛の音をいやがるなど）、また、触られることを極端にいやがったり（例：人から触れられる、衣服の好き嫌いがあるなど）、一方で、暑さや寒さ、痛みなどの感覚に鈍感さを示すこともあります。これらの知覚の問題は、発達とともに薄らいでいくと考えられています。

(3) 対応の工夫

自閉症スペクトラム障害は、聴覚刺激（耳から聞く）に比べて、視覚刺激（目で見る）の理解の方が比較的良好とされています。たとえば、ことばでの指示より、絵、図、写真やサインなど視覚的な指示の方がわかりやすいのです。また、状況を読んだり予測したりすることが苦手なため、見えるかたちで具体化し見通しを立てる（例：新しい出来事には、あらかじめ視覚的にフローチャートのような図や絵を示し、シミュレーションする）などを行うと、パニックを起こしにくいようです。学習方法についても、視覚的な教材を用いることが有効です。

また、友達とうまく関われない、人の気持ちが読み取れない等の特性は、将来の就業に関して、社会的な不利益を被る心配があります。対人関係は、社会生活と密接な関係があるからです。たとえテストの成績が良くても、対人関係がうまくいかない状況が顕著に見られる場合は、早期に発見し、良好な対人関係の経験を積み重ねることができるように、他の児童生徒との関わりに配慮する必要があります。適切な指導を受けていれば、自分の興味や関心ごとには、粘り強く丁寧に取り組む、集中力がある、きちんとこなす真面目さがあるなど、その「こだわり」を生かして職業選択につなげることができるのです。将来の見通しを立てた支援が重要になります。

4. 注意欠陥/多動性障害（AD/HD）

（1）注意欠陥/多動性障害とは

この障害の特徴には、**「多動性（過活動）」「不注意」「衝動性」**があげられます。多動性とは動きやおしゃべりを抑制することが苦手な状態、衝動性とは順番を待てないなど行動を抑えられない状態、不注意とは、必要な時にそこへ注意を向けたり、集中したり、注意を持続することが出来にくい状態が生じます。この行動特徴のあらわれ方から、次の3つのグループに分ける場合があります。**混合型**：多動性、不注意、衝動性の3つの特徴が顕著に長期に渡たりみられます。**不注意優勢型**：不注意の特徴が強く、多動性や衝動性がそれほど見られません。**多動性－衝動性優勢型**：多動性、衝動性が際立っています。

混合型や多動性－衝動性優勢型などは、じっと待つなど、社会的ルールが増加する小学校入学前後に発見されることが多いのですが、不注意優勢型は、周囲に気づかれないことが多く、知的に問題がなくても、学習の積み重ねができないまま、学年が上がるにつれ学力不振に陥る心配もあります。

（2）対応の工夫

注意欠陥/多動性障害の子どもは、その行動特徴により周囲から、「怠けている」「だらしがない」「努力が足りない」など、否定的な評価を受けることがあります。その子どもが意図的に問題を起こしていると誤解され、周囲から理解が得にくいために叱られることも多く見られます。しかし、好きなこと、興味や関心ごとには人一倍集中力を発揮し、知的好奇心、ひらめきや創造性を強みとして、社会で活躍し、充実した人生を送っている人たちも多く存在しています。社会適応を良好にするためにも、彼らの自尊心を低めない関わり、たとえば、当たり前のこと、良いところに注目し、叱責よりは、できたこと、うまくいっていることを認めて、自信をなくさないような理解と支援が必要です。それがうまくできないと、過度の反抗や非行などの問題行動に発展することもあります。

対応の基本は、学校や家庭、地域での支援です。しかし、それだけではうまくいかない場合は、薬物療法が有効な場合もありますので、スクールカウンセラーなどの専門家や医療機関との連携を視野に入れる必要もあります。

5. 学習障害（LD）

(1) 学習障害（LD）とは

学習障害（Learning Disabilities, 略してLD）は全般的な知的発達に遅れはないものの、読む、聞く、書く、話す、計算または推論する、などの能力のうち、特定のものの習得と使用に著しい困難を示す状態を指します。知的発達に遅れがないのに、国語、算数の学習面で何らかの困難があり、それが本人の努力不足や環境要因からだけでは説明できない場合に、学習障害が疑われます。たとえば、読み書きが苦手、読めるが書けない、国語には問題がないが計算ができないなど、アンバランスさが特徴的です。

(2) 対応の工夫

学習障害の支援を行うためには、まず本人の情報処理機能の特徴を評価し、どのような指導方法が効果的なのかを理解することが必要です。

たとえば「機械的な記憶力が弱い」という特徴があると、九九の暗記のような学習方法は不適切です。機械的な記憶力の負担をなるべく減らし、意味的に学習するような方法が有効になります（例：絵やイメージが浮かぶような覚え方など）。一方で「聞くより見る方がわかりやすい」という特徴があれば、具体物や映像を用いた学習方法が適しています。また、「処理に時間がかかる」という特徴があれば、課題を行う時間を増やしたり、課題の量を減らしたりします。

適切な対応がなされていれば、苦手さを持ちながらも社会適応していく者が多く、予後は比較的良好といわれています。通常の学級の中では、学習障害などのある子どもに、わかりやすく指導することは学級全体の子どもにもわかりやすい授業となるのです。

目標や学習方法に個別的な配慮が必要な場合は、TT（ティーム・ティーチング）、小グループ指導、通級による指導などを検討する必要があります。

6. 障害の重複

(1) 障害の重複

発達障害は、それぞれ重なりあう場合が多くあります（図2.2.3）。AD/HDは主に行動面、LDは主に学習面、自閉症スペクトラムは主に対人関係面に困難があ

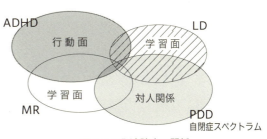

図2.2.3 発達障害の関係

るとされています。たとえば、行動面と学習面ともに苦戦が見られるならば、LDとAD/HDが重複しているかもしれません、また、すべてに苦戦が見られる場合は、それぞれが重複しているかもしれません。

いずれにしても、「本人の中に何が起こっているのか」「何に困っているのか」「環境との折り合いはどうか」など、困り感を探り、見立てと支援方針を立てていくために、教育的なアセスメントは必要になります。

7. 学級をつくるための配慮

(1) 二次的な障害

発達障害とは、「発達に偏りがある」「発達のバランスが悪い」という**発達特性**を意味しています。そのために、学校や家庭など社会生活で苦戦することがあります。しかし、必ずしも苦戦ばかりではありません。むしろ、社会で活躍している人、輝いている人たちの中には、これらの特性を持っている人もたくさん存在するのです。その中には、サバン症候群といわれ特異な能力を示す人や天才と呼ばれる人も含まれており、数学、物理学、芸術分野などで高い能力を発揮する人もいます。

「障害」を「社会生活に支障がある」と捉えるなら、「支障をできるだけなくす、もしくは軽減する」ことができれば、それは「障害」ではなく「発達特性」「個性・才能」と考えることができます。特性を理解し、社会生活における支障をできるだけ軽減するための、手立てや方策を身に付けられるようにすることが、**教育支援**なのです。

しかし、これらの特性が理解されず、適切な支援が受けられないまま、周囲から叱責され続けると、「自分はどうせダメだ！」「何をやってもうまくいかない！」などの自己否定感に陥ってしまい、無気力や不登校、引きこもり、自傷行為、非行などの問題行動を引き起こすことがあります。これを**二次的な障害**と呼びます。

レヴィン(1951)の方程式：$B=f(P,E)$（行動は、固体と環境という2つの要素の関数である）を例にあげて考えてみましょう。行動（B）は、固体（P）と環境（E）の相互作用により生じるという理論です。たとえば、ある子どもが、もし問題な行動（B）を起こしていたとしたら、それは本人（P）だけの問題なのでしょうか？　私たちはともすると、「発達障害があるから、この子に問題が起こる」と考えがちですが、それは間違いです。

発達障害を「特性」と捉え、「本人の中に何が起こっているのか」「環境とうまく折り合っているか」「関わり方はどうか」という視点を持って、二次的な障害に陥らないように、支援や関わりを工夫することが大切です。

(2) 学級をつくるための配慮

これまで述べてきたように、発達特性あるいは発達障害のある児童生徒は、どの学級にも存在しています。そういった観点を踏まえて、学級づくりを行う必要があります。そのためには、「人間関係づくり」と「わかりやすい授業づくり」が重要になります。また、学習環境の整備（教室の前方にはできるだけ掲示物を少なくするなど）の配慮も必要です。

「人間関係づくり」とは、誰もが安心していられる、居心地が良いと感じられる'学級づくり'です。つまり、教師と児童生徒の関係づくり、そして、児童生徒同士の関係づくりを、学級運営の中で工夫することです。

「わかりやすい授業づくり」とは、これまで示してきたような発達特性を理解した'授業づくり'です。たとえば、学級の中には聴覚優位（聞いたり話したりすることが得意）の児童生徒もいれば、視覚優位（見ることが得意）の児童生徒もいます。また、逆も然りで、聞くことは苦手であったり、見ることが苦手であったりする児童生徒もいます。さらに、注意集中が苦手な児童生徒も必ず存在します。もし、ある教師が、話してばかりの授業だったら、あるいは、板書中心の授業だったら、どうなるのでしょう？　一部の子どもは『理解できる』かもしれませんが、一部の子どもは『わからない』となってしまうのです。つまり、そのような特性を意識して組み立てた授業には、視覚的（見る）、聴覚的（聞く）、動作的（書く、あるいは作業）、話す、体験する、という観点を、1つの授業あるいは1つの単元に取り入れる工夫が見られます。これが、いわゆる「ユニバーサル・デザインによる授業づくり」と提唱されている基本的なモデルです（図2.2.4）。

発達特性（障害）とは、特別な存在でなく、どこにでも存在するという視点に立ち、二次障害に陥らせないよう、「人間関係づくり」と「わかりやすい授業づくり」といった工夫や環境調整を、常に心がけること、そして何より、それらの子どもへの配慮は、多くの子どもたちにも、必ず役立つ支援や考え方であることを忘れずに、学級づくりをすることが大切です。

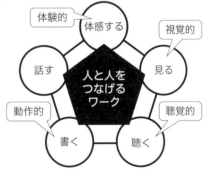

図 2.2.4 わかる授業づくり基本モデル

【引用参考文献】

Amerikan Psychiatric Association. (2000). *Quich reference to the diagnostic criteriafrom DSM-IV-TR*. 高橋三郎・大野裕・染矢俊幸（訳）(2003).『DSM-IV-TR　精神疾患の分類と診断の手引』. 医学書院

青戸泰子 (2013).「第13章：特別支援教育と発達障害」松原達哉（監修）『教育心理学』. 丸善出版

Lewin,K.(1951). *Field theory in social science*. Harper. 猪俣佐登留（訳）(1956).『社会科学における場の理論』. 誠心書房

文部科学省 (2003).「今後の特別支援教育の在り方について（最終報告）」. 特別支援教育の在り方に関する調査研究協力者会議

文部科学省 (2005)．「特別支援教育を推進するための制度の在り方について（答申）」．中央教育審議会
文部科学省 (2007)．「特別支援教育の推進について（通知）」
文部科学省 (2012)．「通常の学級に在籍する特別な教育的支援を必要とする児童生徒に関する全国実態調査」．初等中等教育局特別支援教育課
中村忠雄・須田正信 (2007)．『はじめての特別支援教育－これだけは知っておきたい基礎知識』．明治図書出版
斉藤佐和 (2006)．『特別支援教育の基礎理論』筑波大学特別支援教育研究センター／斉藤佐和編．教育出版
植村勝彦 (2007)．『コミュニティ心理学入門』．ナカニシヤ出版
Wing, L. (1996). *The autistic spectrum:A guide for parents and professionals.*

（青戸　泰子）

第3節　問題事態への対応

1. はじめに

　学級経営を行っていくうえで重要なことの一つにリスクマネジメントがあります。日々の学校生活の中では、子どもたちに関わる様々な問題が起きます。子ども同士の些細なトラブルからいじめなどの深刻な問題まで、あらかじめ問題を想定しておくことでより適切な対応が可能となります。また、問題によっては未然に防ぐことができます。リスク対応には、既に起きた事故や事件に対して、どのように対応するかという「危機管理」の側面と、これから起きるかもしれない問題に対して、事前に対応しておこうというリスクを回避、低減するための狭義の「リスクマネジメント」の両面があります。問題の発生を回避することができればそれに越したことはありませんが、万一起きてしまったらどのように対応すべきなのかを理解しておくことが大切です。

2. 学級経営における問題事態

　問題事態は、場面により様々な現れを見せます。場面ごとに見ていきましょう。

(1) 授業場面での問題事態

　・離席児童、離脱児童…席を立って教室内を立ち歩く、教室を出ていってしまうなどの行動です。ただし、現象面だけでなく、どうして立ち歩いてしまうのか理由を考慮して対応しなければなりません。教師に対する反抗なのか、学習内容に興味がないだけなのか、児童に発達障害があるのかなど理由は様々で対応もそれぞれ異なります。
　・授業妨害…大きな声でおしゃべりをする。教師の注意を聞かない。教師の言動に対して明らかに反抗の態度を示し授業を妨害する行動です。他の児童を煽動して授業をボイコットすることもあります。多くの場合、担任教師に不満があります。場をあらためて児童の話をじっくり聴くことがまず必要です。
　・その他…児童が原因ではない問題事態として、不審者の侵入や地震・火事・津波などの災害があります。いずれも避難訓練を通して、非常時の意識と心構えを持つことが大切です。

（2）休み時間での問題事態

・トラブル…遊びの中では、子ども同士のトラブルが生じることが少なくありません。子ども同士で解決できず、担任教師に助けを求めてくることがあります。けがをした場合は、その対応も含めて児童の人間関係に配慮した対応が求められます。けがが首から上の場合は、受診が必須です。また、当該児童の保護者への連絡も含めて対応について管理職と相談しましょう。

（3）学級経営全般に関わる問題事態

・いじめ…いじめについては、国が策定した「いじめ防止対策推進法（平成25年法律第71号）」に「いじめの防止」「早期発見」「いじめに対する措置」の3つのポイントが挙げられています。いじめは絶対にあってはならないものです。その防止と早期発見に努めなければなりません。万一、いじめだと思われる事態を見つけた時には細心の注意を払って対応することが求められます。

1）いじめに対する措置

ア）いじめの発見・通報を受けたときの対応

遊びや悪ふざけなど、いじめと疑われる行為を発見した場合、その場でその行為を止めます。児童や保護者から「いじめではないか」との相談や訴えがあった場合には、真摯に傾聴します。ささいな兆候であっても、いじめの疑いがある行為には、早い段階から的確に関わりを持つことが必要です。その際、いじめられた児童やいじめを知らせてきた児童の安全を確保します。

発見・通報を受けたら一人で抱え込まず、学校の「いじめの防止等の対策のための組織」に直ちに報告し、情報を共有します。その後は、当該組織が中心となり、速やかに関係児童から事情を聴き取るなどして、いじめの事実の有無の確認を行います。事実確認の結果は、校長が責任を持って学校の設置者に報告するとともに被害・加害児童の保護者に連絡します。

イ）いじめられた児童又はその保護者への支援

いじめられた児童から、事実関係の聴取を行います。その際、いじめられている児童にも責任があるという考え方はあってはならず、「あなたが悪いのではない」ことをはっきりと伝えるなど、自尊感情を高めるよう留意します。また、児童の個人情報の取扱い等、プライバシーには十分に留意して以後の対応を行います。

家庭訪問等により、その日のうちに迅速に保護者に事実関係を伝えます。いじめられた児童や保護者に対し、徹底して守り通すことや秘密を守ることを伝え、できる限り不安を除去するとともに、事態の状況に応じて、複数の教職員の協力の下、当該児童の見守りを行うなど、いじめられた児童の安全を確保します。

あわせて、いじめられた児童にとって信頼できる人（親しい友人や教職員、家族、地域の人

等）と連携し、いじめられた児童に寄り添い支える体制をつくります。いじめられた児童が安心して学習その他の活動に取り組むことができるよう、必要に応じていじめた児童を別室において指導することとしたり、状況に応じて出席停止制度を活用したりして、いじめられた児童が落ち着いて教育を受けられる環境の確保を図ります。状況に応じて、心理や福祉等の専門家、教員経験者・警察官経験者など外部専門家の協力を得ます。

　ウ）いじめた児童への指導又はその保護者への助言

　いじめたとされる児童からも事実関係の聴取を行い、いじめがあったことが確認された場合、学校は、複数の教職員が連携し、必要に応じて心理や福祉等の専門家、教員・警察官経験者など外部専門家の協力を得て、組織的に、いじめをやめさせ、その再発を防止する措置をとります。

　また、事実関係を聴取したら、迅速に保護者に連絡し、事実に対する保護者の理解や納得を得た上、学校と保護者が連携して以後の対応を適切に行えるよう保護者の協力を求めるとともに、保護者に対する継続的な助言を行います。

　いじめた児童への指導に当たっては、いじめは人格を傷つけ、生命、身体又は財産を脅かす行為であることを理解させ、自らの行為の責任を自覚させます。なお、いじめた児童が抱える問題など、いじめの背景にも目を向け、当該児童の安心・安全、健全な人格の発達に配慮します。児童の個人情報の取扱い等、プライバシーには十分に留意して以後の対応を行っていきます。いじめの状況に応じて、心理的な孤立感・疎外感を与えないよう一定の教育的配慮の下、特別の指導計画による指導のほか、さらに出席停止や警察との連携による措置も含め、毅然とした対応をします。教育上必要があると認めるときは、学校教育法第11条の規定に基づき、適切に、児童に対して懲戒を加えることも考えられます。

　ただし、いじめには様々な要因があることに鑑み、懲戒を加える際には、主観的な感情に任せて一方的に行うのではなく、教育的配慮に十分に留意し、いじめた児童が自ら行為の悪質性を理解し、健全な人間関係を育むことができるよう成長を促す目的で行うことが大切です。

　エ）いじめが起きた集団への働きかけ

　いじめを見ていた児童に対しても、自分の問題として捉えさせ、たとえ、いじめを止めさせることはできなくても、誰かに知らせる勇気を持つよう伝えます。また、はやしたてるなど同調していた児童に対しては、それらの行為はいじめに加担する行為であることを理解させます。なお、道徳の時間の授業や学級会など学級全体で話し合うなどして、いじめは絶対に許されない行為であり、根絶しようという態度を行き渡らせるようにします。

　2）ネットやLINE上のいじめへの対応

　ネット上の不適切な書き込み等については、被害の拡大を避けるため、直ちに削除する措置をとり、プロバイダに対して速やかに削除を求めるなど必要な措置を講じます。パスワード付きサイトやSNS、スマホ等のメールやLINEを利用したいじめなどについては、より大人の

目に触れにくく、発見しにくいため、学校での情報モラル教育を進めるとともに、保護者にもこれらについての理解と協力を求めていくことが必要です。

・学級崩壊…いわゆる「学級崩壊」は、『学級経営の充実に関する調査研究』（最終報告）（平成12年3月 文部科学省）にあるように、「子どもたちが教室内で勝手な行動をして教師の指導に従わず、授業が成立しないなど、集団教育という学校の機能が成立しない学級の状態が一定期間継続し、学級担任による通常の方法では問題解決ができない状態に立ち至っている場合」で「学級がうまく機能しない状況」です。原因は複雑で、複合的な要因が積み重なって起こるものであり、問題解決のための特効薬はなく、諸要因に一つ一つ丁寧に対処していかなければなりません。

最終報告には、「学級がうまく機能しない状況」に対処していくための視点とポイントが提示されています。

＜対処の視点＞
(i) 状況をまずは受け止めること
(ii)「困難さ」と丁寧に向き合うこと
(iii) 子ども観の捉え直し
(iv) 信頼関係づくりとコミュニケーションの充実
(v) 教育と福祉、医療など境界を超える協力・連携
(vi) 考えの工夫、研修を充実するなど考え試みる習慣と知恵の伝承

＜取り組みのポイント＞
(i) 早期の実態把握と早期対応
(ii) 子どもの実態を踏まえた魅力ある学級づくり
(iii) TTなどの協力的な指導体制の確立と校内組織の活用
(iv) 保護者などとの緊密な連携と一体的な取り組み
(v) 教育委員会や関係機関との積極的な連携

以下の回復事例に学び、協働して組織的に対応することが大切です。そして、自身の学級経営を省察し、二度と繰り返さないことが重要です。

[回復事例1] 子どもの実態に即した学級経営によって回復
子どもとの関わりを深め、心をいやす学級を作ること、様々な変化を読み取り指導に生かすこと。

[回復事例2] 指導観の転換により信頼関係を取り戻して回復
授業づくりの発想を転換したり、子ども同士をつなげ子ども自身が解決する仕掛けを作ったりすること。

[回復事例3] 学年合同授業などの活用で回復

合同授業や「支援員」などの活用で学級担任を支援し、学校で情報を共有する仕組みを作ること。

［回復事例４］幼保・小・中が連携し、支援することで回復

校種などを超えて、教師、児童生徒が学び合う機会を設定すること、地域で子どもを育てること。

［回復事例５］保護者が学級の様子を把握し、支援することで回復

保護者が学校にかかわり、実情に沿った支援をしたり保護者同士の協力の輪を広げたりすること。

・不登校…不登校の定義は、年間３０日以上欠席した児童生徒のうち、病気や経済的な理由を除き、「何らかの心理的、情緒的、身体的、あるいは社会的要因・背景により、児童生徒が登校しないあるいはしたくともできない状況にある者」とされています。（文部科学省）不登校の原因も様々です。児童の「学校に登校しない」理由を共感的に理解することが大切です。「行きたいのに行けない」のか「行きたくない」のかにより対応も異なります。また、数日であっても欠席が続く児童、家庭と連絡を取り、不登校を未然に防ぐことが重要です。不登校についての取り組みとしては、次の２点がポイントです。

＜取り組み＞

(ⅰ) 不登校とならないための魅力ある学校づくり

(ⅱ) 不登校児童に対するきめ細かく柔軟な対応

家庭と連携して、欠席が続く児童の理解を深めながら、養護教諭や管理職等と相談し、適切な対応ができるようにすることが大切です。

(4) 保護者に関わる問題事態

・児童虐待、ネグレクト…学校での児童の様子から、保護者による虐待やネグレクトが疑われる場合があります。早期発見が重要ですが、要保護児童については、児童相談所や福祉事務所へ速やかに通告する義務があるので、慎重な対応が求められます。保護者の養育態度の把握を丁寧に行い、関係諸機関と連携しながら進めていきます。児童だけでなく保護者への支援も必要な場合があります。

・クレーム…保護者からのクレームへの対応については、まず傾聴の姿勢で保護者の思いを受け止めることが重要です。わが子への愛情に共感しながらも、こちらの考えを丁寧にしっかり説明し理解を求めます。対応は必ず複数で行うこと、感情的に流れないこと、児童のためを第一に話を進めること、対峙するのではなく同じ視点に立つことなどが大切です。

(5) 学校外での問題事態

・不良行為と非行…不良行為少年とは、非行少年（犯罪、触法、ぐ犯）には該当しないが、喫煙、飲酒、深夜徘徊、性非行など自己又は他人の特性を害する行為をしている少年を言います。（少年警察活動規則）

対応のポイントは「社会で許されないことは学校でも許されない」という毅然とした姿勢での粘り強い指導と、当該児童の心情をくみ取るとともに家庭の養育態度や交友関係等の背景を慎重に見極めること、そして、家庭や地域関係者、警察や児童相談所等の専門機関と丁寧な連携を図り対応することです。学校は警察ではないことに鑑みて、児童に寄り添った対応が求められます。初期対応で大切なことは、正確な事実把握と指導・支援策の検討を行うことです。役割分担（情報集約、記録、関係機関との連絡調整、保護者対応等）を明確にした取り組みが大切です。

3. 問題事態への対応のポイント

これまで見てきたように問題事態は多岐に渡りますが、それらへの対応については共通したポイントがあります。以下、確認してみましょう。

(1) 児童を最優先とすること

児童は未熟であり守られるべき存在であること、保護されなければならない存在であることを銘記しなければなりません。人権に配慮するとともに、気持ちを汲み取ること、安心、安全を確保することなどが重要です。

(2) 連携を図ること

どのような問題も個人的に判断せず、協同して取り組むことが重要です。問題の早期発見に努め、問題を発見した場合、または不測の事態が生じた場合には、管理職に報告し、関係部署や機関、保護者等と相談しながら、組織的に対応することが大切です。ただし、災害や事件等の緊急事態では児童の安全を最優先にした対応が求められます。

(3) 解決の見通しをもつこと

それぞれの問題の解決のイメージをもち、それに向けて取り組むことが大切です。児童や保護者の笑顔を思い浮かべながら、問題解決のスモールステップを想定し、見通しを持ちじっくり取り組む姿勢が重要です。

4. 問題の起きない学級経営を

何よりも大切なことは、問題事態が起きない学級をつくることです。
　一人ひとりの児童が大切にされること、居場所があること、他の児童との絆が実感できること、授業が楽しくわかることを大切にし、児童や保護者と信頼関係を築きながら学級経営を工夫することが求められます。

【引用文献】
法律第71号（2013）.「いじめ防止対策推進法」
文部科学省（2000）.「学級経営の充実に関する調査研究 最終報告」
文部科学省（2003）.「不登校への対応について」
横浜市教育委員会（2009）.「児童・生徒指導の手引き」

【参考図書】
後藤竜二（2000）.『12歳たちの伝説』新日本出版社
※学級崩壊がテーマで、子どもたちの視点から描かれていて、学級経営や教育について、考えさせてくれる名作。

（山下　俊幸）

第4節 特別支援学級の学級づくり

　ここでは、障害のある子どもたちのための学級「特別支援学級」(地方自治体によって個別支援学級や支援学級など)で、学級づくりをする際の基本について取り上げます。
　平成26年(2014年)以来、「インクルーシブ教育システム」という、障害のある子もない子も、なるべく同じ場で、どの子も教育ニーズに沿った適切な教育が受けられる仕組みの構築が求められています。校内の障害のある児童生徒や特別な支援が必要な児童生徒に対して、校内、また校外の諸機関が協働して教育する仕組みが求められているのです。このため、今や、次に示すような特別支援学級の教育を校内のだれもが理解すべき時代にあるといえます。

1. 特別支援学級のいま・教育課程・役割

(1) 特別支援学級のいま

　障害のある児童生徒のための学級が小・中学校には設けられています。「ひまわり学級」「○○○学級」など、具体的な学級名は、学校によって違いますが、制度上は、「特別支援学級」といわれます。義務教育(小・中学校)段階では、特別支援学級には、全国で1.84％にあたる、187,700人の児童生徒が在籍しています。
　その児童生徒が、学級に在籍する際の入級の基準があります。入級の目安としての障害の

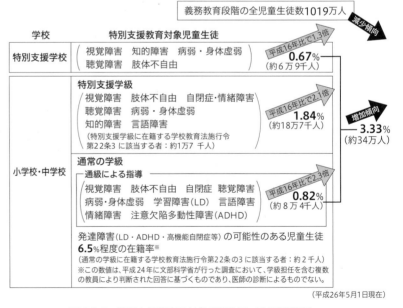

図 2.3.1　特別支援教育の対象の概念図(文部科学省)

種類と程度に関する基準です。以前は、比較的、教育支援の程度が少ない、いわゆる障害の軽い児童生徒が、この特別支援学級の対象と決められていました。このように法令で定めた入級の基準があります。しかし、インクルーシブ教育システムがいわれる今では、実際の入級に当

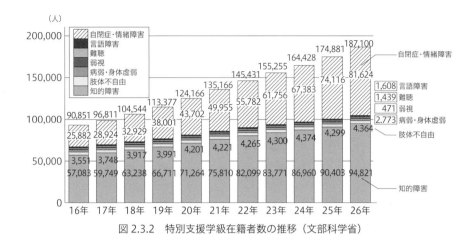

図 2.3.2　特別支援学級在籍者数の推移（文部科学省）

たって他の条件も加味して決められていくようです。その子どもの障害等の様子や状況、学校や地域の状況、保護者の意見なども十分に考慮した上で、入級するかどうかが決められていくことでしょう。そのため、在籍する児童生徒の実際の障害程度や状況は、学級や地域ごとにだいぶ異なる実状があります。

　入級に関する障害の種類としては、視覚障害、聴覚障害、知的障害、肢体不自由、病弱・身体虚弱、自閉症・情緒障害、言語障害が定められています。各障害の別に学級が編制されます。児童生徒8名ごとに担任を1人ずつ配置することとして学級人数の上限と教員配置が定められています。この結果、学級の規模は8人以下と小さくなるため、複数学年の子どもたちで学級が編成されることが多くなります。学校ごとに見ると、1校に何学級も、特別支援学級が設置されることもあれば、1つの学校に1学級、それも子どもが1～2人に先生が1人のように、少人数で運営される学級もあります。1校で、知的障害、視覚障害（弱視）、自閉症・情緒障害の3学級のように、いくつもの障害別に学級が併置されることもあります。

(2) 特別支援学級の教育課程と実践

　特別支援学級では、子どもの障害やその状態等に合わせ、特別な教育課程が編成されます。つまり、小学校の特別支援学級ならば、基本は小学校の学習指導要領によりながらも、在籍する子どもたちの障害や学習の具合、生活上の困難性などによって、指導内容や方法、授業時数などを子どもたちの実際に沿ったものにします。教科によって指導内容の学年を下げたり、領域や教科を合わせた特別な指導内容にしたり、独自の単元化や時数の調整をしたり、グループ編成や指導方法を子どもに合わせたりします。これが、子どもに合わせた特別な教育課程といわれるものです。このように子どもたちに合わせて、オーダーメイドの教育課程や指導法をオリジナルに設定できることが、特別支援学級の最大の特徴ともいえます。

　特別支援学級の教育課程の編成には、特別支援学校の教育課程を参考にすることができます。通常の教育にはない、「自立活動」という障害による種々の困難の主体的な改善・克服に

向けた一人ひとりの指導内容を取り入れることができます。また、知的障害のある場合には、知的障害特別支援学校の独自の指導内容、そして授業についても、生活単元学習や遊びの指導など、知的障害の子どもたちに即した特徴的な指導方法（授業形態）を実践することができます。

個々の子どもの障害や学び、特徴等の実状に違いもあるため、教育課程は、「学級」単位ですが、実際上は個々の児童生徒に十分に即したものにするため、1年1年、子どもたちに合わせたオーダーメイドの教育課程、指導計画をつくります。特別支援学校の教育課程にはあり、小学校にはない先の自立活動という領域の内容も取り入れられるため、個々への障害に即した指導をさらに行うことができます。自立活動の指導内容も含め、個人ごとに指導計画を作成します。この「個別の指導計画」を作成し、何より個々に即した実践を行うことが特別支援学級には求められています。

特別支援学級の子どもたちと一般の学級の子たちが、行事も含め、交流しながら活動に取り組むことがあります。一般の学級の子どもたちと特別支援学級の子どもたちが、共同学習の形で、同じ授業に向かうこともあります。また、例えば給食や音楽の時間などに、特別支援学級の子どもが、同学年の一般の学級に交流のために参加することも多く取り組まれています。

1つの特別支援学級には、1人の担当教員が配属されます。しかし、教員に加えて、地域や自治体により、学級運営を補助する支援員や介助員を配置することがあります。保護者やボランティアも学校に入り、連携して学級づくりを進める例もあります。また、地域によっては、校内外の複数の特別支援学級、あるいは特別支援学校と、いっしょの授業（教師も合同・複数で）、合同の学習発表会や宿泊学習、校外での合同作品展や作業製品販売会などの取り組みを熱心に試みている例があります。

（3）特別支援学級の役割と課題

特別支援学級の担任が、校内で、特別支援教育の専門性が高いということから、経験のある特別支援学級の先生が、校内の特別支援教育を推進・調整する特別支援教育コーディネーターを併任することがあります。校内での特別支援教育の向上をめざし、インクルーシブ教育システムを築いていく役割への期待もあるからです。校内で数少ない特別支援学級の先生ですし、個々に合わせた授業や教材作りなど多忙な先生が多いため、特別支援教育コーディネーターは困難との意見もありますが、コーディネーターは別な先生に任せるにしても、できるだけ校内の特別な教育的ニーズのある子どもたちのことも視野に入れて校内連携を図るなど、校内協力の一翼を一貫して担うだけでも、校内の特別支援教育の推進にとっては意義あることだと思います。

個々に違う子どもたちに合わせ、学級としての教育課程・時間割を組み、子どもたちの学びに沿った授業と教育を保障するというのが、特別支援学級担任の大きな役割です。この意味で、特別支援学級の担任には相応の専門性が求められています。このため教員免許の上から

も、特別支援学校教員の免許の所有が推奨されています。しかし、所有率はなかなか向上せず、全国で3割程度のため、免許や資格の観点から課題だといわれています。また、特別支援学級を初めて担任する、新任の担任教師の割合も全国的に高く、さらにその担任の入れ替わりが多いため、専門性が育ちにくかったり、保護者との信頼関係に不安が伴うといった声もあります。こうした校内の人事配置上の問題指摘が以前からあり、教員採用や養成の観点からも、改善が求められている点も指摘せざるをえません。

2. 特別支援学級の学級づくり

「特別支援教育」の制度になって以降、特別支援学級の数とそこでの児童生徒数は、全国的に増えています。日本全体の子ども人口は減っているのですが、特別支援学級では、子どもたちの数も、学級数もここ十数年来、ずっと増えているのです（図 2.3.1、図 2.3.2）。

それは、特別支援学級への期待が高まっているからだと思います。子ども本人や保護者からの期待が高まりつづけているからでしょう。障害別にみると、「知的障害」の特別支援学級や「自閉症」の学級数の増加が顕著です。「ことば」の学級（言語障害学級・教室）も増えていますが、この学級では、ことば以外に知的障害、発達障害などの子どももいるようです。知的障害や発達障害の子どもたちへの教育を担う学級への期待が大きいといえます。

では、その期待に応えるため、子どもたちとの学級づくりで踏まえた方がよいことは何で、また、どのような期待に応えていけばよいでしょうか。

(1) 学級づくりへの期待〜子ども本人の願い

期待に応える学級づくりの第1、それはまず、学級に通う子どもたちの思いに沿うことです。学級への子どもたちの思い。それは「うれしく、やりがいのある学級生活を送りたい」ということに尽きると思います。これは一般の子どもたちの思いときっと変わりません。障害のある子ども、特別な支援の必要な子どもたちの思いと、障害のない一般の子どもの思いも、何を学校・学級に望むかという点で違いはない、というところから学級づくりをはじめましょう。

特別支援学級にいる子どもの心の声。「この学級は、仲間と先生と、うれしい時間がいっぱい。やった！ と手応えのある、満足いくことがたくさんできるんだよ」。そんな子どもたちの内心が聞ける学級をつくりましょう。

子どもたちの願い、それは日々、満足と充実、成就感や達成感、自己肯定感のもてる学級でしょう。とても楽しい単元。真剣に取り組み、やりがいのもてる学習。苦しくとも皆でやり遂げた喜び。先生もともに苦楽をともにする作業や合宿、達成感のある校外活動などなど・・・です。

言いかえれば、障害による困難性を持ってはいても、その子どもたち本人、一人ひとりが、

全力を出しきれ、「自分らしさを発揮できる」ことを目標にすべきです。子どもとそして障害に向き合い、障害をカバーし、子どもの本音に沿う取り組みを用意できる学級が、個々のニーズに応える特別支援学級のはずです。そして、これを一歩一歩、子どもたちの思いに沿ってつくり上げる適任者、それが特別支援学級の担任の先生方でなければなりません。

(2) この学級を支える期待〜保護者や家族の思い

　特別支援学級に子どもたちを送り出す、保護者や家族の期待も、十分考える必要があります。
　保護者やご家族の思い。それは、この子どもたちの成長への期待です。確実に子どもたちの力が高まるよう、また個性が開花し、さらにこの後の自立と社会参加に結びつくよう教育を願いたいという熱い思いの保護者が少なくありません。「この学級は、わが子への夢を叶えてくれ、専門の実践をしてくれる先生がいて、着実に成長させてくれるだろう」。保護者の方はそんな思いで特別支援学級にわが子を通わせます。
　「普通学級の勉強では、うまく力が出せないが、この学級なら子どもの今の力量と関心に沿った支援をしてくれそうだ」。そんな願いで、わが子の通う学級に思いを寄せる親がいます。学級の教育があれば「きっとこの子も社会への参加と独り立ちへの道を歩んでくれるに違いない」。そう成長への期待をこめ、ご家族は子どもを学級に送り出しているに違いありません。
　一人ひとりの子どもたちの背景に、必ずこうした保護者や家族の思いと期待があります。こうした思いと願いに、特別支援学級は支えられます。学級と実践のための大きな土台が、保護者や家族の思いによって作られるのです。

(3) 特別支援学級実践の基本

　述べたように、特別支援学級のカリキュラム（教育課程）は、その学級ごとに本来、独自です。学級の一人ひとりの子どもたちの状況に応じてオーダーメイドで作られるはずだからです。子どもたちは障害の状態も、また各教科の力も関心も異なります。子どもたちとその特徴が違えば、カリキュラムも違って当然になります。学級づくりの1つ目の原則は、それぞれの子どもの力や関心に、きちんと応じる教育課程にすることです。
　特別支援学級の教育課程の「目標」は何でしょう。これは「特別支援教育の目標」とだいたい重なるはずです。
　目標の1つは、自立と社会参加に向けての教育です。2つ目は、障害による困難性の解消をめざしつつ小学校や中学校の目標と同等な目標を追求することです。3つ目は、一人ひとりの願いを実現することです。これらの目標を実践する上で、ふまえるべきことが以下です。

(4) 実践でめざすこと〜子どもの良さの理解

　実践でふまえるべきこと、その1つはきちんとした子どもの良さの理解に立った実践の組

み立てです。

　特別支援教育では、障害とその状態以上に、それによる生活上、学習上の困難性を考慮します。どこで子どもが困り、つまずき、嫌な思いをしているのかを、子どもの直接の声、取り組みの様子、家族からの話などから判断し、見通していきます。困難なことについては、失敗が重ならぬよう支援上の手だてを設定準備し、支援し、少しずつでも子どもの進み具合を励まします。多少の困難さであれば、避けずに意欲的に挑戦するよう励まします。

　子どもが得意なこと、自信のあること、良さやがんばる力については、よく子どもの様子を見て、また言葉を聞くようにして、早く的確に掴むようにします。良さや得意なこと、頑張れることが、活動として取り入れられ、授業などに生かされた学級・実践では、子どもは生き生き輝いて取り組み、活動します。こうした一人ひとりの子どもの現在の「強み」をきちんと把握し、実践に結びつけられる先生が、学級づくりと支援の達人といえます。

　よい面や得意なこと、意欲のもてることや自信のある活動を、特別支援学級ではたくさん用意したいものです。学級生活が励みとやる気につながり、子どもと先生とがいっしょにつくる学級となります。うれしく元気よく学校に行きたがる子どもの姿を見て、保護者や家族も学級をさらに認め、支えてくれます。

(5) 特別支援学級の実践でめざすこと～子どもへの信頼

　障害を言い訳に、子どもの力をあてにしない安易な実践はよくありません。あてにされ、期待される状況や学級では、どの子も立派な活躍をします。まだ未熟、幼い、障害があるので、とてもできっこないなど、子どもの力を信用しない態度をどの子も敏感に察します。どの子の力もあてにする、子どもを信頼する学級づくりと教育実践をせねばなりません。

　昔、養護学校もなく、特別支援学級（当時は特殊学級）が日本での障害のある子の教育の主流であった時代。「立派な障害者に」といった標語がありました。障害はいろいろでも、教育としてきちんと子どもを受けとめ、この子どもたち一人ひとりの人間としての立派な成長と自立を私たちは支えるのだという姿勢の表明です。一個の人間としてできるだけ社会的・職業的自立を、また地域での主体的な社会生活を、そのために具体的に子どもを支え続ける現実度の高い教育を担わねばならないとの強い教育的意志が込められています。

　障害はあっても一人ひとりの子どもを信じ、あてにし、頼りにする子ども観の延長に、一人ひとりの子どもの夢を現実として叶える特別支援学級の教育もあるのだと思います。

3. 知的障害特別支援学級の実践 ～ 要点チェック

　ここでは、特別支援学級の中で一番多い、知的障害特別支援学級の学級づくりで、チェックしたいポイントについて見ていくことにします。学級として「原則」に合っているかの要点チ

ェックです。

(1) 要点その1：学級生活をトータルで見る。

まず大きな視点で、トータルに、学級の様子、子どもたちの学級での取り組みを振り返ってみましょう。

特別支援学級、なかでも知的障害の特別支援学級では、子どもたちが「自立的生活への取り組み」をしているかが、トータルな学級チェックの第1のポイントです。「自立的な生活への取り組み」は、①子どもたちの日々の取り組み姿勢と、②その中身で分かります。

自分から始められず、指示や援助がないと取り組めない子どもの姿は、自立的だとはいえません。子ども自身が進んで、また力いっぱい取り組む様子がたくさん見られるのが自立的な姿です。子どもの力の違いはおいて、その子自身が少しでも自発的に、その気になって（意欲的、主体的に）進めているかです。

自立的ではない取り組みの「中身（内容）」は次のようなものです。子どもが飽きてやる気が出ない活動、生活に生きない形ばかりの活動、想像力や判断力がいる知的障害の子どもにわかりにくい内容、正誤や程度が子どもでは判断できない内容・教材など。自立的か否かのポイントは、子どもが取り組むことが、本当に子どもの実際の生活に生き、また子どもの実際の力に合っているかどうかです。

「子ども主体の学級生活」とは、どの子も「自立的生活への取り組み」ができる学級生活を意味します。今の学級がそうならば、学級の実践は悪くありません。さらに学級の特色を強めるべきです。そうではない場合、この後の項目を参考に、再度、立て直しをしましょう。きっと子どもたちも、そう望んでいます。

(2) 要点その2：原義にもどって確認する

学級の法的性格から、一度、確認してみましょう。「特別支援学級」は制度上、平成19年からできた学級で、「障害による学習上又は生活上の困難を改善・克服」する教育を行います（学校教育法）。

「障害そのものの改善・克服」ではありません。子どもに障害があっても、教育はそれから生まれる「学習上・生活上の困難」に対応します。私たちの生活上の不便や困難も、工夫や支援、努力で変わります。教育の力で、障害のため子どもが抱きやすい、やりにくさ・難しさをなくすのです。障害のために生じる不便や苦労、「困難」を減らす教育です。「学習」はもちろん「生活」の困難が加わっている点にも注目です。学級で、どの子も張りのもてる「生活」をつくれば、それが法律の教育目的の達成になります。つまり子どもが学びやすく、活動しやすい学習上や生活上の配慮を十分にしてあれば、特別支援学級として合格です。

(3) 要点その3：教育課程の基本もチェック

　ともすると特別支援学級の教育課程編成の基本はわかりにくく、担任になったばかりの先生は戸惑います。小学校・中学校学習指導要領解説に基本が示されています。
　①特別の教育課程によることができる。
　②特別支援学校小学部・中学部学習指導要領を参考にすることができる。
　③自立活動を取り入れることができる。
　④下学年の教科の目標・内容に替えることができる。
　⑤知的障害特別支援学校の各教科に替えることができる。
　「知的障害のない弱視、難聴、肢体不自由、虚弱等の児童生徒」では、対応する特別支援学校の教育課程を参考にします。といっても一般的な各教科等に、特別支援学校独特の領域の「自立活動」の内容を加えて編成します。障害に対応する自立活動を加えるだけなのでシンプルです。各教科は児童生徒の状況により、下学年の教科を適用することもあります。適当な教科の時間に、該当学年の学級に参加して交流活動に取り組むことも行われます。

(4) 要点その4：知的障害の教育課程・基本チェック

　子どもに「知的障害がある場合」は全く別になります。⑤知的障害特別支援学校の各教科や④下学年の教科の目標・内容を適用します。そして、生活単元学習など「領域・教科を合わせた指導」も入れて、子どもに合わせた独特な授業を組むことになります。
　知的障害特別支援学校用の、各教科そのものが実は独特です。教科名は国語などで同じでも、内容は一般の教科とは全く別です。国語や算数・数学などの同じ名称の教科ですが、その目標も内容も全く違います。
　また、生活単元学習や日常生活の指導など領域・教科を合わせた指導というユニークな授業も行われます。他に、遊びの指導、作業学習もあります。知的障害の子どもに合わせた効果的で生活的な要素の強い授業です。子ども主体に意欲的な授業、また子どもの良さが発揮されやすい授業形態です。週の中で繰り返しの多い、「帯状」の日課が多く組まれます。
　領域・教科を合わせた指導では、文字通り、教科の内容も含みます。この授業で、各教科の内容の指導も行われていることになります。「生活単元学習の時間では教科が指導されていない」などの誤解がないようにします。この中に、自立活動も含んで実践されたりもします。
　教科名の時間を設け、授業することもできます。しかし、特別支援学級では、学級の子どもの障害も個人差も違いますから、もともと一斉授業の形でよい教科の指導はできません。個々に内容を合わせた授業、生活に実際に生きる授業、子ども主体の意欲的で効果的な授業にするなどの配慮や、個別評価は必ず必要です。この授業形態を、知的障害教育では「教科別の指導」といいます。習慣的に取り組む上から、これも帯状に取り組む例があったり、教科によって交

流活動に参加したりする例もあります。

　知的障害を伴う子どもの場合は、これほど教育課程も授業形態の種類も違います。通常の学級と同じように、国語も音楽も一般の小学校と同じに、ただ学年・内容を下げて国語や音楽などの授業をすればよいなどと考えては大きな間違いになります。

　（知的障害特別支援学校独特のこうした各教科に関することは、特別支援学校小学部・中学部学習指導要領解説で見られます。文部科学省のホームページからダウンロードもできます）。

（5）要点その5：自立活動について理解する

　特別支援学校に独特なものとして、「自立活動」という領域が設けられています。目標は「個々の児童又は生徒が自立を目指し、障害による学習上又は生活上の困難を主体的に改善・克服するために必要な知識、技能、態度及び習慣を養い、もって心身の調和的発達の基盤を培う」とされています。特別支援学級でも、この内容を入れての実践が求められています。

　自立活動の具体的な指導とは、例えば、点字の指導を視覚障害の子に、補聴器の活用を聴覚障害の子に、発音の指導を言語障害の子に行う・・・と聞くと、とても専門的で難しい指導と思うかもしれません。自立活動は、確かに障害への専門的な指導も含みます。

　しかし要は、一人ひとりの子どもの障害の側面に応じて指導する内容が自立活動です。そう考えると、どの学級でも、子どもに合わせ、障害から来るその子の「困難」に何らかの配慮をしたり、支援を取り入れた実践をしたりしているはずです。これらも自立活動の指導といえると思います。例えば、自閉症の子にも集団参加しやすいよう役割や席順を設ける、ダウン症の子も話しやすい発表の形式や用具を用意する、マヒのある子が自力で腕を動かしやすいよう体の向きを補助するようにです。

　こう考えてみると、自立活動は、実はさまざまな形で授業に組み込まれています。それぞれの子に個別に適切に自立活動としての配慮ができれば、特別の時間を設けなくとも個に応じた自立活動の実践はできるといえます。個々の子どもにこんな支援の内容をしています、といった説明は保護者や他の先生にできる方がよいでしょう。

（6）要点その6：「できる状況」をつくっての子ども理解を

　授業や学級の取り組みに自信が持てない時、それはえてして子どもへの確信が持てない時です。子どもが伸びない、できるようにならない、問題を起こすなど、子どものよい面が見えず、子どもが悪く見えるような時です。

　「できる状況づくり」という考え方があります。障害のある子は、〜ができない子どもではなく、それはできない状況におかれがちな子ども。できる状況をつくれば、どの子も、〜ができる子になる、という子ども観、支援観です。

　私たちはともすると、まだ落ち着いて取り組めない子、すぐパニックを起こす子、正確に作

業できない子、話しを理解できない子などと、子どもを否定的にとらえがちです。

　しかし、「できる状況」をつくれば、子どもは腰を落ち着けて取り組める子になります。パニックを起こさなくてもよい状況、補助具を工夫して正確に作業ができる状況、伝え方を工夫し理解できる状況をつくれば、「できる」子どもになります。

　どんな子に育つかは、子どもの取り組みへの私たちの状況づくり次第、といえそうです。どの子も「できる」子どもになるよう、前向きに、取り組みやすい状況づくり、学級づくり、授業づくりに取り組みたいものです。「できる」状況づくりが「できる」先生・学級は、きっとどの子にとってもうれしい先生、うれしい学級になるはずです。

（太田　俊己）

第5節　非行への理解と対応

1. はじめに―非行と問題行動―

　私たちの社会、そして教育は子どもの健全な発達と成長とを求めます。そして、この視点に立ったとき、健全な発達と成長とは言いがたい子どもの行動や状況を問題としてとらえます。教育現場でみられる、いわゆる問題行動には、他者に危害を加えるような犯罪行為から引っ込み思案のような内向的な性格によるものまで、広い範囲のものが含まれます。

　以前は、子どもの問題行動をとらえる場合、反社会的行動と非社会的行動という枠組みから捉えられていました。反社会的行動は、他者に対して暴力を振るう、盗みをはたらくといった、周囲の人を悩ませ、迷惑をかける行動です。また、非社会的行動は不登校やクラスでの孤立など、自分の殻に閉じこもる行動です。ただし、近年では、反社会的行動－非社会的行動という2分法的な枠組みではなく、それぞれを個別の問題として捉えるようになっていると思われます。

　問題行動と深く関連するものとして非行をあげることができます。麦島（1990）は非行の本質を「人々の信頼を裏切る行為」と述べており、先に述べた反社会的行動に近いものと考えることができます。非行に関しては、これまで多くの研究が蓄積されており、その理解のありかた、対応の方法についても整理されてきています。以上のことから、ここでは非行という観点から子どもの問題について解説していきます。

2. 少年非行の現状

　「非行は社会を映す鏡」といわれ、それぞれの時代の非行は、社会状況に大きな影響を受けているといわれています。

　図2.5.1は昭和41年から平成25年の少年刑法犯検挙者の推移を示しています。この図からは昭和58年および平成10年にピークを迎える2つの波があることが読み取れます。

　はじめの波は昭和48年から平成6年にかけてみられました。この時期には家庭内暴力や校内暴力などの閉じられた空間での非行が多く見られました。それ以前の非行より低年齢化が進み14・15歳の子どもに非行が多くみられました。非行の多くは万引き、自転車・バイク窃盗といった比較的軽微なものであり、遊び感覚で行われたため、「遊び型非行」（後には「初発型非行」）と呼ばれました。

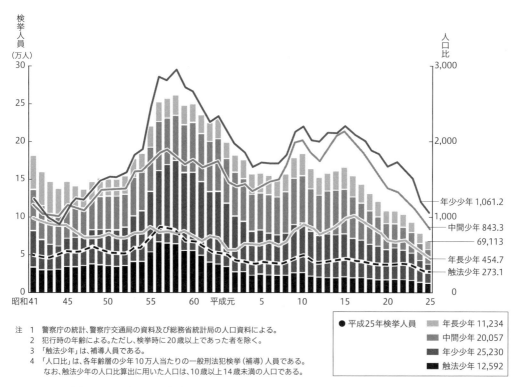

図 2.5.1 少年による一般刑法犯検挙人員・人口比の推移（年齢層別）（昭和41年～平成25年）
（法務省法務総合研究所, 2014）

2番目の波は平成7年から20年にかけてみられました。非行件数は以前より相対的に少なくなったものの、非行に従事する少年の割合は増えました。中学生から高校生にあたる広い範囲の年齢の子どもたちによる非行も目立ち、非行の内容が凶悪化しました。女子による薬物使用や援助交際といった非行も増加し社会問題となりました。非行歴のない子どもが重大な犯罪を犯す「いきなり型非行」も問題となりました。

その後、検挙者数は減少傾向を示しています。ただし近年では、学校内外における暴力行為が増加していること（図2.5.2）や、インターネットの普及と相まっていじめの質やその方法が変化してきたことが問題となっています。特に、小学生ではこれらの事件による補導者が増加傾向にあり、非行の低年齢化がさらに進行していることが示唆されます。

3. 非行はなぜ起こるのか―非行に関する理論―

子どもたちはなぜ非行に至るのか、この問題についてはいくつかの立場から理論が提起されています。その中から、ここでは精神分析理論、社会学的理論を紹介します。

(1) 精神分析理論

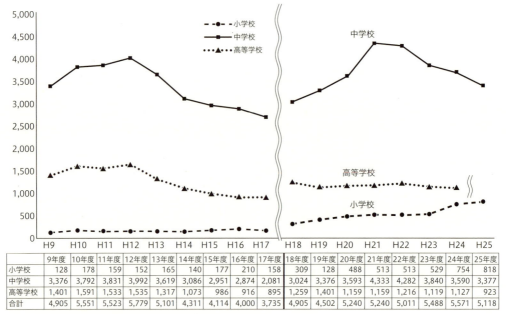

図 2.5.2　学校内外における暴力行為発生件数の推移（文部科学省初等中等教育局児童生徒課, 2014）

　精神分析理論はフロイト（S. Freud）によって提唱され、その後、多くの研究者たちによって発展されたものです。精神分析理論では、心は自我、超自我、イドという3つの部分から成ると考えられ、イドは自分の欲求をすぐに満足させようとし、自我や超自我はイドの働きを抑制する働きをもつといわれています。特に自我は現実的な行動を選択するという重要な働きをしています。

　非行行動は、自我が適切に機能しない結果、すなわち、イドからの要求はすぐに行動化されてしまうために起こると考えられます。

(2) 社会学的理論

A. アノミー（疎外）/ 緊張理論

　非行行動は「成功したい」あるいは「認められたい」という欲求が、一般的な生活（伝統的/慣習的領域）ではかなえられないと判断されたときに非行行動が発生すると考えています。例えば、学校生活で孤立するなど、緊張状態におかれた場合には、非行行動という極端な行動によって認められようとするようになる、と考えられます。

B. 社会的統制理論

　社会的統制理論では、道徳的「絆」が非行行動を抑制するとしています。絆として、①家族、教師、仲間への愛着、②学業などの伝統的価値の達成に向けた努力、③社会の中で求められる

目標を達成しようとする努力、④きまりを守るのが当たり前だという態度、の4つが考えられています。

　C. 分化的接触理論

　分化的接触理論では、非行は他者とのコミュニケーションを通じて学習され、維持されると考えています。すなわち、①非行の学習は親密な集団内で行われる、②学習されるものは非行のやり方ばかりでなく、非行への動機づけ、態度、価値観を含む、③非行に対して好都合な意味づけを行う、ことにより非行行動が形成され、維持されていきます。

　非行に対応したり予防したりする場合には、これら諸理論をふまえ総合的に対処してゆくことが求められるでしょう。

4. 非行少年をどのようにとらえるか

　非行を防止するためには、その行為に関わる子どもたちへの理解は欠かせません。ここでは最近の非行少年の特徴を取り上げ、非行行為に関わる子どもの一般的な特性について考えていきたいと思います。

(1) 非行少年に見られる特性

　萩原（2000）は少年鑑別所での経験から、現代非行少年の特性として以下のものをあげています。

　A. 忍耐力・抑制力の不足、短絡的な行動傾向

　最近の非行少年は我慢することなしに、また衝動的に非行行動を起こすといいます。何かに取り組んでも、少しの失敗や気に入らないことがあれば簡単にやめてしまう、というように、自分自身をコントロールし落ちついて行動することに難しさがあります。

　B. 対人技術の未熟さ

　近年の非行の特徴としては、共犯の場合でもその場限りの人間関係のものが多いといわれています。このように非行少年には他者との関係を深め、信頼できる人間関係をつくることに難しさがあると考えられます。

　C. 共感性の乏しさ、罪障感の希薄さ

　非行少年には、他者への理解、特にその心情に対して理解が及ばないという特徴があると考えられます。そのため、相手に被害や損害を与えたとしても、加害者は相手の苦しみや痛みが分かりません。そのため罪の意識を感じることも難しく、自分の犯したことについて反省を促すことが困難といわれています。

　これらの非行少年の特性を、「生活能力の障害」および「対人関係能力の障害」（生島，2003）として捉える研究者もいます。

(2) その他の非行少年の特性

非行少年の矯正やカウンセリングに関わる者たちからは、非行少年たちが「自分自身の気持ちすらよくわからない」という特性を共通に持つことが指摘されています（例えば、河野, 2003）。非行少年の中には虐待の経験をうけた者も多く、それが自分自身の気持ちへの理解を困難にする要因とも考えられています。

また、非行少年が何らかの障害を有しているという見方もあります。殺害事件に関与した少年には行為障害やアスペルガー障害、反社会的人格障害（原則として18歳以上の場合）などの診断が下されることもあります。この立場では、障害を有している場合、何らかの要因が加わると非行行為に発展する場合があると考えています。

5. 非行への対応

(1) 非行問題に対する対応の枠組み

非行は社会的に認められるものではないため、非行に対してはそれを予防したり、あるいは、非行行動が認められる場合にはそれを改善するための対応が求められます。

非行への対応の枠組みは、図2.5.3のように示すことができます。この図は、非行に対して一義的に対応するのは家庭・学校・地域といった本人が生活を行っている場である、ということを示しています。また、それらだけでは十分に対応しきれない、あるいは、さらなる危険が見込まれる場合には、警察などの専門的司法機関が非行への対応を行うということになります。

この図は、非行の予防や対処における学校役割が重要であることを示しているともいえるでしょう。

(2) 学校における非行への対応

学校は子どもの日中の生活、また、集団での生活を知ることのできる場です。また、学校に

図2.5.3　日本の少年司法行政制度（藤岡, 2001）

は複数の教職員や児童・生徒もいます。学校は幅広い援助資源を用いながら、子どもの非行を察知し、非行問題に対応することのできる場だということができるでしょう。

鈴木（2008）は、学校における非行対応のポイントとして、次の3点をあげています。

① 教師との信頼関係を形成する

非行少年たちは学校やおとなに対してアンビバレントな態度をもっています。そのため、彼らは時に友好的であるものの、別の時には敵対的・攻撃的であることがあります。このような特徴は、安定した人間関係を築くことを困難にさせているといえます。安定した信頼関係をうまく築くことができないため、さらにそれが相手への不信を抱き、そして非行少年自身の心の不安定さを招くといった悪循環がみられます。難しい課題ではあるものの、教師は非行少年との間に信頼関係を形成していくことを目指さなければなりません。

そのためには「受容」と「自己開示」が必要であると考えられます。「受容」とはありのままのその子どもを受け入れることであり、関係を形成していくうえでの最重要事項といえます。受容の留意点としては、その子どものよいところだけでなく、悪いところもまた受け容れるということ。また、自分の思いと一致している部分ばかりでなく、自分の思いとは一致していない部分をも受け容れるということです。

一方の「自己開示」は、自分自身の思いや考えを適切なかたちで伝えるということです。アンビバレントな態度を持つ非行少年は、教師が本当のことを言っているのか不審に思うこともあります。そのためには、教師という立場をふまえつつも、人間としての自分自身をさらけ出すこともまた重要です。率直に関わってくれる人がいることは、非行少年がよりよい発達と成長を目指してゆくうえで重要なことといえるでしょう。

これら受容と自己開示とを適切に組み合わされることによって、非行少年との信頼関係をよりよいかたちで形成できるでしょう。

②本人が活躍できる機会の提供

非行行動は、本人が適切に活躍することのできる場がないために現れると考えることもできます。したがって、学校生活の中で本人がうまく活躍することのできる場を提供することが重要です。特に、他の児童・生徒から受け容れられたり、また、仲間たちに何かを与えて喜んでもらえるような機会を提供することができれば、それは非行少年に自信を与え、さらに学校で活躍しようという動機づけを高めることにつながるでしょう。そのことによって、自ずと非行行動は減少してゆくでしょう。

③家庭や地域、専門機関との連携と役割分担

非行少年の問題は、学校生活の中だけで解決されるべきものではありません。その子どもの生活上の問題がトータルに解決される必要があります。そのため、家庭や地域、専門機関と連携しながら子どもの生活全体をケアしてゆくことが求められます。

連携することの利点は、第1に、多様な視点から子どもに関する情報が得られること、第2

に、さまざまな機関や立場の者たちが、共通理解に基づいて子どもに関わることができること、第3に、子どもに多様な刺激や支援を提供できることです。子どもの向かうべき方向に対して、さまざまな立場から多様な刺激や支援が与えられれば、それは子どもにとっての大きな力になることでしょう。

　非行に対応してゆく場合には、特定の者たちのみで対応しないこと、そして、適切な連携と役割分担をすること、さらには、継続的な情報交換とディスカッションを行ってゆくことが求められます。複数の眼差しで、その子どもの成長をうまく見守ってゆきたいものです。

【引用文献】
藤岡淳子 (2001).『非行少年の加害と被害』. 誠信書房
法務省法務総合研究所 (2014).『平成26年度版犯罪白書』.
河野荘子 (2003).『非行の語りと心理療法』. ナカニシヤ出版
文部科学省初等中等教育局児童生徒課 (2014).「平成25年度「児童生徒の問題行動等生徒指導上の諸問題に関する調査」について」
　http://www.mext.go.jp/b_menu/houdou/26/10/1351936.htm
麦島文夫 (1990).『非行の原因』. 東京大学出版会
萩原恵三 (2000).『現代の少年非行：理解と援助のために』. 大日本図書
生島　浩 (2003).「非行」臨床の焦点』. 金剛出版
鈴木公基 (2008).「非行」小林正幸・橋本創一・松尾直博（編）『教師のための学校カウンセリング』. 有斐閣, pp. 227-244.

　　　　　　　　　　　　　　　　　　　　　　　　　　　　　　　（鈴木　公基）

第3章 授業をつくる

第1節 学力と授業づくり

第2節 より良い授業づくりのための視点

第3節 学習指導案の作成

第1節　学力と授業づくり

　学力について、今までいろいろな議論や論争があります。ここでは、学力の概念－学力をどう捉え、考えたらいいのかについての論争を基にして考えてみます。そのことは授業のあり方と関わる面が特に強いからです。

1. 学力論争から―学力概念に関して―

　この問題については、日本では「態度主義」論争としていろいろ議論がなされてきました。「態度主義」といわれる考え方は「数学的態度」とか「科学的態度」或いは「思考力・考える力」「問題解決能力」「興味・関心」といった一般的・抽象的な「力」や「態度」を想定します。そしてそれらを「学力」の要素と考え、そうした「力」を教育しようと考える立場です。この立場を取ると、授業においては、考え方や問題解決の技能や方法或いは手続きの活用を重視する傾向になります。

　一方の考えは、学力とは何よりも「知識」の理解が重要であるという立場です。科学の知識・成果――科学に限らず芸術など多くの教科の背景にある文化的成果を意味します――の習得が大事であるという立場です。この立場は「科学主義」と言われる場合もあります。この場合は態度や思考力は知識に基づいて生まれるのであり、態度や思考力自体が分野・領域によって異なると考える立場です。そこでは、一般的・抽象的な「力」の存在を原則として想定しません。

　よく言及される論争としては、広岡亮蔵の学力論とそれに対する論争、藤岡信勝・鈴木秀一⇔坂元忠芳の論争（1975-1976年）などがあります。

　広岡の学力論（広岡・高橋他 1964；pp.5-32）は同心円を使い「態度」を一番中心に置き「関係的な理解と技術」「要素的な知識と技能」と順に外側に位置づけるモデルとして示されました。三層モデルと呼ばれています。

　それに対して、高橋金三郎は「本質的な内容を本質的な方法で教える」ことが大切だとして次のように論じました。「花」の学習を例にとり、「観察態度」に関して、ハナビラの数や色等を丹念に調べ記録するタイプと、メシベを裸にし、子房－果実－種子と丹念に比較するというタイプをあげ、次のように述べています。「ともに丹念であるが内容はまったく違っている。‥こうした違いのあるものを等しく『生物を丹念に観察する態度』とするのは無理である。‥『花が植物界でどのような役割を果しているか』（花は植物の生殖器官であり、子孫＝種をつくる役割がある）の基本的事実法則が着実に教えられ、つみあげられて態度が自ら形成される。『丹念に観察する態度』を学習目標にするのは意味のないことである」（広岡・高橋他 1964；p.83）

と述べます。

次に、心理学の側面から、市川伸一と佐伯胖の論をみてみましょう。

市川伸一は、図 3.1.1 のような人間の情報処理のモデルを示して知識と思考の関係について述べています。（市川 2008; p.10）

「『知識があってこそ人間はものを考えることができる』『学習の過程とは、与えられた情報を理解して取り入れること、それをもとに自ら推論したり発見したりしていくことの両方からなること』。認知心理学を基にして学習・教育研究をしている私たちにとって、これはもっとも基本的な考え方です」（市川 2008 ; p.10）「知識は学んだ結果としての産物というだけではなく、実

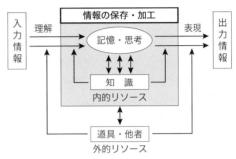

図 3.1.1 人間の情報処理モデル

は「学ぶ力」「考える力」としても機能している」「知識を大切にしながら、それを子どもにただ蓄えさせるのでなくて、どう活用させて学習活動を組み立てていくかということこそ」（市川 2004 ; pp.27-30）が重要だと指摘しています。「知識を取り入れる『受容学習』は大人にとっても、さらに、科学者や芸術家など創造的な仕事をしている人にとっても大切な学習であり、それなしに、有効な問題解決学習はできないということです」（市川 2008 ; p.121）と述べています。

知識があってこそ考えたり、問題解決ができたりするのです。「学ぶ力」「考える力」というような抽象的な「力」も、実際には取り入れた知識の機能としての「力」と捉えています。そのような機能を果たしうる「知識」になるためには、知識を獲得する過程で知識を活用することが重要だということになります。

佐伯胖は「学力と思考」という本の中で、学力は一般的な「力」としては存在しないと、やや刺激的に述べています。(佐伯 1982 ; pp.9-14)「子どもの中にあるものは・・・さまざまな知識や技能について、それはすべて、『かくかくしかじかのことを知っている』『これこれのことがわかっている』『あれこれのことができる』というように個別化されているのであって、『理解力』とか『認知能力』というような一般化された『力』ではないだろう。」と述べる。一方で、彼は一般的な力の傾向を否定するわけではない。「『教えたいこと』を教育内容とよぶならば、そこには必ず知識の転移的側面、生成的側面を含んでいるはずである。」つまり、理解「力」という一般的な「力」が頭の中にあるのではなく、具体的な「わかる」「できる」ことの学習内容に即し、且つ、転移可能なように獲得された知識のあり方を問題にする必要があるのだということになります。

一方、「思考力」「問題解決能力」という「力」を重視する立場についてもみてみましょう。

角屋重樹は次のように述べています。「基礎的・基本的な知識・技能をもとに科学的に調べ

る能力や態度、科学的な思考力・表現力、つまり活用力を育成する学習過程は問題解決である」「その問題解決過程は、子どもが、まず、①問題をみいだし、②その問題となる事象を説明するための仮説を発想し、③発想した仮説の真偽を確かめるための実験方法を立案し、④実験結果を得て、実験結果について考察し、⑤新たな問題をみいだす、という5つの場面に整理できる」（角屋 2008；pp.69-74）と述べています。

ここでいう「問題解決」ということは、①から⑤までの5つのプロセスに従って学ぶことであり、即ち、そうした問題解決の過程を学ぶことによって、問題解決能力が育つということです。

小泉はかつて、学力に関して教育目標論の観点から論じたことがあります（小泉 2005）。それは知識の習得レベルの問題ともいえます。習得レベルとは、単に言葉として記憶されている知識なのか、或いは問題を解いたり考えたりするのに役立つ知識となっているのかということです。

次の「花」の事例に即して考えてみましょう。アサガオに花は咲くと思っていても「パイナップルに花はさくか。」という問に対して、すぐ答が出るとは限りません。ここでは「花は子孫をつくるための生殖器官である」「種が子孫である——種をまけば、また芽が出てくる——」「種は花が咲いた所にできる」という「花の知識」が大切です。そうした知識を獲得していれば、パイナップルも「花はさくはずだ」という「判断」や「予想」が可能になります。そこで「どこに咲くのだろう」－「種は花の咲いた所にできるはずだ」、「種はどれだろう」－「種を探せば花の咲く場所がわかるはずだ」というような判断や予想が生まれます。そうした判断や予想ができることが正に「考える（思考）」ことに他なりません。「思考力」という「力」があるのではなく、花の知識に基づいて考えるのです。

物理学者が物理の分野で問題解決ができたからといって、歴史学でも一般的な問題解決"力"を働かせて優れた成果をあげられるというわけではありません。それぞれの学問分野の成果を基に考えを進めていくのです。

このように考えると、思考力とか問題解決力とか「○○力」というものが頭の中にあるのではなくて、知識の獲得状態の深さの違いであるということになります。教育においては、「○○力」そのものを取り出して鍛えるというのではなく、一方また知識を単に記憶するのではなく、その知識がいろいろな場面で使えるような状態で獲得する——その獲得の仕方の問題になります。つまり、知識の獲得とともに、その学習のし方、授業のあり方の問題になります。

興味・関心についても同様です。知識があってこそ新たな疑問も生まれるし、もっと知りたいという興味・関心も高まるのです。

2. PISA型学力の問題について

現在、経済協力開発機構（OECD）が実施主体になっている国際学習到達度調査：PISA

(Programme for International Student Assessment) の内容や結果が大変注目を集め、各国の教育政策にも影響を与えています。

PISA テストでは、「読解力」「数学的リテラシー」「科学的リテラシー」の分野に亘り、様々な生活（職業人として、社会人、市民、家庭人、個人等々）において、知識や技能を活用する能力が重視されています。2008 年に告示された学習指導要領においても、そうした点が重視されています。

例えば、その「総則」では次のように示されています。
- 「各教科の指導に当たっては、児童の思考力、判断力、表現力その他の能力をはぐくむ観点から、基礎的・基本的な知識及び技能の活用を図る学習活動を重視する」
- 「基礎的・基本的な知識及び技能を活用した問題解決的な学習を重視する」

このように、基礎的・基本的な知識及び技能の活用が重視されています。ただし、その運用に当っては、基礎的・基本的な知識の活用を重視するか、基礎的・基本的な技能の活用を重視するかの違いがあるようです。こうしたところにも、学力をどう捉えるかの立場の違いが現れてくるのです。

3. 質の高い学力への授業のあり方－「学び合い」「協同学習」へ向けて－

以上、学力の概念について論じ、さらに質の高い学力は知識をどのように学ぶのか、授業のあり方と関わるのだということをみてきました。

ここで、授業のあり方として、協同学習、一斉学習、グループ学習、個別学習のことを取り上げて、この問題を考えてみましょう。

(1) 学び合いの授業・協同学習

最近、一斉授業に代わって「学び合いの授業」「協同学習」が重視されるようになってきています。

佐藤学は「学び合いの授業」を主張し、全国のそうした流れをリードしてきた教育学者です。彼の著書（佐藤 2003, 2006）では「聴き合う」「互恵的な学び」「わからないといえる教室」といった言葉が重視されています。例えば、佐藤学は「聴き合う関係」の大切さをいろいろな著書で述べています。相手の話に耳を傾けて聴くということです。相手を尊重しなければできないことでしょう。また教室の中でマージナル（周縁の）位置にある子どもが「わからない」と言えることを大事にします。その「わからない」ことを皆で考えることによって、他の子どもたちもさらによく考え、皆が理解を深めることができることになるのです。

次に「協同学習」の研究と実践を掲げている「日本協同教育学会」(2007) の考え方をみてみましょう。そこでは「協同学習」について、次のような定義がなされています。

- 互恵的な協力関係（肯定的相互依存）がある。
- 学習目標の達成とグループの成功に対する学習者自身の責任が明確になっている。
- 促進的相互交流の機会が保障され実際に相互交流が活発に行われている。
- 「協同」の体験的理解が促進されている。

　お互いに共に学ぶ仲間として認め合い助け合うこと、お互いの成長を喜ぶ、さらに共に学ぶ仲間がよりよい学びが達成できるように一人一人が責任を自覚する——例えば、しっかり仲間の考えを聴く、自分もきちんと考え、それを伝えるなどが大切な原理となっています。

　さらに、杉江修治の著書（杉江 2011）では、大切な点として、・課題解決集団であること、・同時学習を重視するということを挙げています。仲間を大切にするといっても「仲良し集団」を目指すということではありません。その学級の皆がよりよい「学び」ができるようになる——学校の学習が十分達成される——そのための集団であり、協同であるということです。同時学習という考えは、そうしたことを通して、安心感、自己肯定感、思いやり、コミュニケーション能力等々の社会的な能力も育まれるということです。

(2) 学び合いの授業の記録から

　次に紹介するのは、ＮＨＫの番組（2012年2月5日放映『輝け二十八の瞳～学び合い　支えあう教室』）を学生諸君に観てもらい書いてもらったコメントです。

- 分からないことを大事にすることで、恥ずかしがらずにいろいろ聞くことができる。
- 友達に説明することで、実は曖昧だったり、本当は分かっていなかったりした部分が見えてきて、もう一度しっかりと学ぶことができる。
- 学び合いは、どこが分からないかを考えたり、一つの問題をみんなで考えたりして、いろいろなやり方があるということに気づく。
- 友だちとのコミュニケーションを通して、新たな考え、新たな疑問と出会い、クラス全体の学びが活性化される。
- 分からないことを皆で共有することで、学級が一つにまとまったり、友達同士のコミュニケーションがうまくできるようになったりする。
- 他者への理解や思いやりの発達も期待できる。
- 人の考えを柔軟に聴き自分の意見に生かし、それを発信できる人材を育てる必要がある。学び合いの授業はそうした力を伸ばすのだと思う。

　ここでは、正に、協同学習・学び合いによる学習の深まりを読み取ることができるでしょう。それは、学習内容や教材について、一面的でない多面的多層的な理解、話し合いを通して自分で考え、また人の話を考え、また考え直して、そして自分の言葉で説明するという幾重にも亘る思考と表現を経た理解がなされるということです。より深い理解が得られるのです。さらに、新しい疑問も生まれてきます。分からない子がいるからこそ疑問を生み出すことに開か

れているとも言えます。それは「分からないこと」を大事にする子どもたちや先生に支えられていればこそでしょう。

　分かったつもりでいたことが実際にはよくわかっていなかったという「学び直し」も大事な学習です。それは、その時学習していることをより深く理解するだけではありません。「これでいいのか」「分かったつもりにならない」というようにさらに学ぶ姿勢にもつながります。

　このように学び合いの中で、より深い知識の習得がなされ、それが思考力として機能する知識になっていくのです。問題解決についても皆であれこれ議論しながら追及していくことによって、その問題解決に必要な知識が鍛えられ将来使えるものになっていきます。

　また、学級づくりや学ぶ意欲という点でも大きな意味があるといえます。杉江修治は次のように述べています。「信頼に支えられた人間関係のもとで、人はもっとも強く意欲づけられる」。(杉江 2011; p.25) 大事な言葉です。

(3) 一斉学習の場合

　日本では一斉学習は最も普通に行われている授業形態でしょう。ここで普通の授業の様子を想定してみましょう。教師が発問し、何人かの子どもが挙手をします。挙手をした子どもの誰かが指名されて答えます。それについて教師のコメントがあり、次の説明に移り、また発問して挙手を求めます。一方、挙手して答えた子どもの考えについて「どう思うか」という発問がなされ、また手が挙がり誰かが指名されていろいろな考えを出して深めていくことも少なくありません。一般的には後者の授業の方がいい授業とされます。日本の先生は長年に亘り、こうした一斉学習の技術を磨いてきました。その力量は世界のトップレベルだとよく言われます。その努力には頭の下がる思いがあります。

　ところで、ここで挙手の意味を考えてみましょう。次は先の番組を観て学生諸君が考えた内容です。
- ・挙手する子どもたちのペースで授業が進められてしまう。手を挙げない子たちは受身になってしまう。どうせ自分は分からないと思ってしまう。
- ・挙手は発問に対し「わかります」「発表できます」ということを示すもの。

　挙手を求めその答えをもとに進んでいく授業では活発な意見交換が見られる授業でも、全員がそこに参加して課題を考えていっているとは限りません。外に表された考えを繋いでいく授業は一見活発な授業に見えても、そうした考えを繋いで進んだに過ぎないかもしれません。授業は本来そこに参加しているこどもたち全員が参加者であってしかるべきなのです。

(4) グループ学習の場合

　ここで、協同学習とグループ学習の違いを考えましょう。
　協同学習でもグループでの話し合いは重視されます。しかし単にグループにすれば協同学習

になるものではありません。お互いが聴き合う関係でなく、学習の進んでいる子、発言力のある子の意見が通ってしまいがちな話し合いでは協同学習が成立しているとはいえません。先に紹介した協同学習の原理や佐藤が強調している点等を踏まえておくことが必要です。佐藤は、教え合いと学び合いは違うと言います。協同の原理を踏まえずに形だけグループにしても学び合いや協同学習にはなりません。

(5) 個別学習の場合

以上のように見てくると、個別学習の問題点は自ずから見えてきます。個別学習は、ある特定の技術や知識を得るためだけならば、自己のペースで習得することは意味はあるでしょう。しかし、そこでは多様な考えの交流を通して理解が鍛えられる機会はないでしょう。

4. ま と め

- 学力とは、知識の獲得の状態のことである。それによって、単なる記憶だけの知識になったり、思考力、問題解決力、興味・関心、態度などになったりする。
- 思考力、問題解決能力、興味・関心、態度などは、一般的・抽象的な「力」として脳にあるのではない。
- より深く獲得された知識が、思考力等々となって発揮されるのである。
- その質は、その知識をどのように獲得するか、そのプロセス（授業や学習のし方）による。
- 質の高い学力の形成のために、「学び合い」「協同学習」の役割をもっと重視してよい。それはまた、学級づくりや社会性の発達にも役立つ。

【引用文献・参考文献】
1) 広岡亮蔵・高橋金三郎他(1964).「学力、基礎学力とはなにか」『別冊　現代教育科学第1号』明治図書
2) 藤岡・鈴木⇔版元の論争は、山内乾史・原　清治編著(2010).『論集日本の学力問題上巻　学力論の変遷』に所収　日本図書センター
3) 市川伸一(2008).『教えて考えさせる授業を創る』図書文化
4) 市川伸一(2004).『学ぶ意欲とスキルを育てる』小学館
5) 佐伯　胖(1982).「学力と思考」『教育学大全集第16巻』第一法規
6) 角屋重樹(2008).「理科で育てる活用力」安彦忠彦(編著)『「活用力」を育てる授業の考え方と実践』図書文化
7) 小泉秀夫(2005).「カリキュラムから授業を考える」高垣まゆみ(編)『授業デザインの最前線』北大路書房
8) 佐藤　学(2003).『教師たちの挑戦』小学館，佐藤　学(2006).『学校の挑戦』小学館等
9) 協同教育学会編(2007).『協同学習ワークショップテキスト』
10) 杉江修治(2011).『協同学習入門』ナカニシヤ出版

（小泉　秀夫）

第2節　より良い授業づくりのための視点

1. 授業とは何か

　あなたがこれまでに経験した授業の中で、「あれは良い授業だった」と思い浮かぶ授業にはどのようなものがあるでしょうか。ある人は地域の商店街に繰り出して聞き取り調査をした社会科の授業を、またある人はそれまでよくわからなかった計算が急にできるようになった算数の授業を、またはクラスみんなで意見を出し合って白熱した学級会活動の授業を、といったように様々な授業があったことでしょう。もしくは、残念ながら「良い授業」として振り返ることのできるものは1つもないという人もいるかもしれません。

　では、あなたが将来教師になった際にめざしたい「良い授業」とはどんなものでしょうか。たのしい授業、わかりやすい授業、子どもの興味関心を引き出す授業、たくさん意見が出せる授業等々。いろいろな授業の理想像があることでしょう。

　それではそもそも授業とは何でしょうか。私たちは小学校入学からこれまでに数えきれないほど多くの授業を受けてきました。しかし、教師をめざす立場では、自分自身が受けた授業の経験だけに頼らず、授業に関する諸理論を学び、また実地で実践できる力も身につけねばなりません。冒頭の質問であなたの脳裏に浮かんだ「良い授業」も、見方を変えれば新たな発見があるかもしれません。例えば、その授業では先生は一体どんな工夫をこらしていたのでしょうか。授業を受けた側ではなく、授業者である教師の立場に視点を切り換えるとどんな授業に見えるでしょうか。または、あなたにとって「良い授業」であったその授業は、お隣の席にいたAさんにとっても「良い」授業であったのでしょうか。同じ時間、同じ教室空間を共有して授業を受けていたとしても、子どもたち一人ひとりにとって、その授業がそっくり同じ意味を持つことはあり得ないことに気づくでしょう。（ある人が、小学校時代の理科の授業で宇宙の神秘に触れたことで宇宙飛行士をめざしたとしても、その授業を受けていた子どもたち全員が宇宙飛行士をめざすわけではないというように。）

　授業とは、ある文化内容を担う「教材」を媒介として、「教師」と「子どもたち」が相互作用しつつ、文化内容を獲得して学力を形成していくダイナミックな営みです。この節では、授業の基礎理論を踏まえ、様々な視点から授業を見ることで、理想の授業を考える端緒としていきましょう。

2．「授業」の特殊性

「授業」とは一般的に「学校などで、学問・技芸を教え授けること」(『広辞苑』第六版) とされています。では、「教えられて学ぶ」というのは、人類にとって普遍的なことなのでしょうか。文化人類学者の原ひろ子氏が調査したカナダ北西部の森林限界線上で狩猟採集生活をする「ヘヤー・インディアン」という先住民族たちの社会は、「教える」という概念のない社会であったといいます。「自分で観察し、やってみて、自分で修正する」、つまり「自ら学ぶ」ことだけが唯一の、何かを習得するための手段だというのです。そのため、この社会に生きる人々は、見たものを即座に真似て学ぶ力がとても高いことなどが示されています。

日本においても、「教えられて学ぶ」というかたちが導入されたのは「学校」という空間が欧米を模して移植されたことに端を発します。1872 (明治 5) 年に近代学校が発足しましたが、ここで初めて、「一斉教授」というスタイルの「授業」が登場したのです。もちろん近代学校の登場以前にも子どもの学びの場としての手習い塾などはありました。しかし、手習い塾では一人一人にあった先生の手本が用意され、子どもはひたすらそれを真似て書くという、いわば個別学習・自己学習が基本でした。こうして考えると、日本の長い歴史上、「授業」というものを通して学ぶスタイルというのは、ある種特殊なスタイルということもできるかもしれません。

3．授業を構成する要素

授業を構成するためには4つの要素について考える必要があります。それは、①何を教え、どういった学力を形成するのかという「教育目標」、②その授業ではどのような素材を使うかという「教材・教具」、③子どもたちにどのように働きかけるかという「教授行為・学習形態」、④教育の成否を点検し、教育実践を改善するための「教育評価」の4つです。授業に不可欠なこの4要素は、意識するかしないかに関わらず必ず存在するものですから、教師がいかにこの4つに自覚的になり、授業づくりに臨むかが重要になるのです。

まずは、「何を」という教育目標・内容と、「何によって」という教材とを区別することが重要となります。また、教材研究も欠かすことは出来ません。法令上「主たる教材」と位置づけられる「教科書」1つをとっても、よく言われるように「教科書を教える」のか「教科書で教える」のかといった問題があります。教科の性質や教師の授業スタイルなどによって、最適な教材の機能や位置づけをはかることが求められるのです。

さらに、授業をおこなうにあたっては、「一斉教授」「個別学習」「習熟度別学習」「体験学習」というように種々の教授行為・学習形態が想定されます。ただし、はじめに教授行為・学習形態ありきではなく、あくまで教育目標、教材・教具の研究の必然から教授行為・学習形態を規

定するという流れが生まれるのです。目標や内容が無い、単なる方法ありきの授業は、本来の授業とは言えないでしょう。

4．授業づくりをめぐる現代的課題―子どもの学びの危機―

　授業を成立させるためには、教師とともに、学び手となる子どもの存在が必要不可欠であることは言うまでもありません。ところが、この子どもたちに深刻な事態が起きていることが 1990 年代から指摘され続けているのです。それは、教育学者の佐藤学氏によって「学びからの逃走」と名付けられた日本の子どもたちの危機です。佐藤氏の指摘を踏まえた思想家の内田樹氏は、『下流志向－学ばない子どもたち　働かない若者たち』と題する著作の中で、子どもが何かを「わからない」ことより、「わからないことがあっても気にならない」ようになってしまっていることに危機感を表明しています。また、「プロ教師の会」代表で元高校教師の諏訪哲二氏も、『オレ様化する子どもたち』というセンセーショナルなタイトルを冠した著作の中で、子どもたちが「学ぼうとしなくなり」「自分を変えようとしなくなった」ことを指摘しました。諏訪氏はその理由を、子どもたちが学校においての自分を、教えられるという客体ではなく、授業というサービスを受ける主体としてふるまうようになったためと説明しています。つまり子どもたちは、自分はサービスを受ける消費者であるから、決して自分が損しないよう「商取引」における「等価交換」の関係を学校という場でも常に意識しているというのです。

　さらに、教育社会学者の苅谷剛彦氏は「比較的低い階層出身の日本の生徒たちは、学校での成功を否定し、将来よりも現在に向かうことで、自己の有能感を高め、自己を肯定する術を身につけている。低い階層の生徒たちは学校の業績主義的な価値から離脱することで、「自分自身にいい感じをもつ」ようになっている」という日本の階層化による子どもの危機を指摘しました。すでに成功している家庭に生まれたか否かによって、「学習意欲」（インセンティブ）そのものが学習に先立って、すでに「階層化」（ディバイド）しているとし、これを「意欲格差」（インセンティブ・ディバイド）と名付けたのです。

　また、国際的な学力調査である TIMSS 調査と PISA 調査の結果も、日本の子どもの危機を示すものでした。こうした調査の結果が公表されると、報道などでは主に、国際的に見て日本の子どもたちの学力水準がいかなるものであるかという得点順位に注目が集まりがちです。しかしながら、同時に実は学びに対する意味づけ・動機づけが低いということが明らかになったのです。多少の順位の変動はあれ、世界でも有数の学力を持つ日本の子どもたちは、今や世界でもっとも学ぶことが嫌いな子どもたちになっていると言っても過言ではない状況が、様々な調査から浮き彫りになっているのです。

　こうした状況に鑑み、授業づくりにあたっては、子どもたちの現状を丁寧に把握することがますます重要となってきています。

5. 教育実践史から学ぶ日本の授業づくり

　とかく批判されがちな日本の教育ですが、実はこと授業に関しては、世界から大きな注目を集め、高く評価されています。日本では、授業を学校の同僚たちで見せ合い、それについて協議するという校内研修における授業研究が盛んに行なわれてきたという歴史があります。この「授業研究」がレッスン・スタディ (lesson study) と訳されるのみならず、今や "jugyo kenkyu" と表記され、国際的に認知されるようになっているのです。その契機になったのは、1999 年に出版された心理学者スティグラー (J. W. Stigler) らによる The Teaching Gap: Best Ideas from the World's Teachers for Improving Education in the Classroom でした。この研究は IEA (国際エネルギー機関　International Energy Agency) による第 3 回国際数学理科学力調査 (TIMSS) に伴って行なわれました。日本、ドイツ、アメリカの各地でビデオ撮影された授業の様子が比較検討されたのです。その結果、日本ではとくに質の高い授業が行われていると評価されました。この研究成果はアメリカの学校教育に大きな衝撃を与え、教育改善への取り組みが促されることとなりました。また、当初、アメリカ中心であったこのレッスン・スタディ運動は、今日では中国、タイ、マレーシア、オーストラリア、イラン、スウェーデン、イギリス等世界各地に広がっています。

　質が高いと評される日本の授業を支えてきた背景には、授業づくりの遺産とも言うべきエポックメーキング的な教育思想や教育実践がありました。例えば、明治期の教師中心で画一的な一斉教授を打破し、児童の個性や自発性を重んじる教育の実現を目指した人物に、及川平治 (1875-1938) がいます。及川は、子どもの自主的で自律的な活動を「動的教育」と呼び、その実現のためには子どもの多様性や個別性に応じて集団を分団する「分団式」教育が必要だと考えました。その理念や実践は、子どもの興味や個性を尊重する大正新教育の先駆的実践として、日本各地の教育に大きな影響を及ぼしました。

　さらに、大正新教育の潮流のなかでは、及川と並んで、奈良女子高等師範学校教授兼附属小学校主事を務めた木下竹次の実践も、全国に影響を与えた例として挙げることができます。木下は、教科によって分断された従来の教育のあり方を批判し、子どもの生活や興味に即して設定した「生活単位」を学習の題材とする「合科学習」を提唱し、実践しました。これは現在の「生活科」にも受け継がれています。

　また、戦後の授業づくりの歴史の一コマとしては、問題解決学習の普及に貢献した 1948 (昭和 23) 年発足の「コア・カリキュラム連盟」の実践が挙げられます。生活経験に根ざした経験カリキュラムの編成をめざした授業実践が模索されました。しかし、こうした問題解決学習に対しては、知識の系統的な教授が軽視されているという批判がなされるようになりました。ここから、系統学習か問題解決学習かという論争が巻き起こっていったのです。

さらに、1970年代初頭に社会問題化した受験競争の激化に伴う学力問題に対しては、「たのしい授業」づくりを提起した画期的な2つの動向がありました。「仮説実験授業研究会」の板倉聖宣（1930-）と、「数学教育協議会」の遠山啓（1909-1979）らはその代表的論者として挙げられます。遠山は「水道方式」という数と計算の領域に関わる指導体系を打ち出し、また数学教育にゲームを取り入れて「たのしい」授業を目指しました。

　ほかにも、「子どもを変革させる授業」づくりを行なうことこそが教師の責任だとした斎藤喜博（1911-1981）や、「教育技術の法則化運動」を呼びかけ、優れた教育方法や教育技術を集め、教師たちの共有化をはかろうとした向山洋一（1943-）など、全国の教育現場に大きな影響を与えた理論や実践は多く残されています。

　紙幅の関係上、ここで、日本の授業研究の成果や豊かな授業実践の遺産について詳述することはできませんが、参考文献等を参照し、ぜひ我が国に蓄積された教育実践の一端に触れてみて下さい。また、公開授業などを参観することでも、授業を見る目は養われていきます。教育実習だけが現場に触れる唯一のチャンスではありません。参観可能な授業の情報などを積極的に集め、実際の教育現場での教師と子どもの姿から多くを学ぶことも可能です。かつてアイスナー（Eisner,E.W.）は「仕事をしている子どもたちの騒ぎと単なる騒ぎを区別することができない教師は、教育的鑑識眼の基本レベルが未熟である」と指摘しました。座学と実地両面から教育的鑑識眼を養い、自らがめざすべき、より良い授業づくりのためのヒントを探ってみて下さい。

【引用参考文献】

板倉聖宣・上廻昭編（1965）.『仮説実験授業入門』明治図書出版
中野光（1968）.『大正自由教育の研究』黎明書房
斎藤喜博（1969-1971）.『斎藤喜博全集』全18巻 国土社
及川平治著，中野光編（1972）『分団式動的教育法（世界教育学選集，69）』明治図書出版（原著1912年）
木下竹次著，中野光編（1972）『学習言論（世界教育学選集，64）』明治図書出版（原著1923年）
遠山啓（1979－1983）.『遠山啓著作集』全29巻 太郎次郎社
原ひろ子（1979）.『子どもの文化人類学』晶文社
Eisner, E. W.(1979). The Educational Imagination, Macmillan
斎藤喜博（1983－1984）.『第二期斎藤喜博全集』全12巻 国土社
稲垣忠彦（1995）.『授業研究の歩み — 1960－1995年』評論社
稲垣忠彦・佐藤学（1996）.『授業研究入門』岩波書店
佐藤学（2000）.『「学び」から逃走する子どもたち』（岩波ブックレット No.524）岩波書店
苅谷剛彦（2001）.『階層化日本と教育危機 — 不平等再生産から意欲格差社会へ』有信堂高文社
田中耕治（2005）.『時代を拓いた教師たち — 戦後教育実践からのメッセージ』日本標準
諏訪哲二（2005）.『オレ様化する子どもたち』中央公論新社
田中耕治（2009）.『時代を拓いた教師たち〈2〉実践から教育を問い直す』日本標準
内田樹（2009）.『下流志向 — 学ばない子どもたち　働かない若者たち』講談社

日本教育方法学会 (2009).『日本の授業研究〈上巻〉授業研究の歴史と教師教育』学文社
日本教育方法学会 (2009).『日本の授業研究〈下巻〉授業研究の方法と形態』学文社
向山洋一 (2015).『授業の腕を上げる法則』学芸みらい社

(大﨑　裕子)

第3節 学習指導案の作成

1. はじめに

　学習指導案（以下、指導案）とは、各学年の年間指導計画に位置付けられた各単元の指導を行う際に、教材観、児童観、児童の実態、授業の目的と方法、時間配分、指導展開（発問手順、板書計画、学習形態、予想される児童の反応）、配慮事項、評価規準と評価法などの要点を整理し、一定の形式で記述した指導計画です。その作成は、授業を予めきめ細かく構想し、立案段階で教材研究の不足や児童理解の不明さなどの自覚を促す意味で、よい授業を実現する第一歩といえます。指導案とは、いわば授業の「設計図」なのです。また授業後には、想定していた指導案と実際の展開のずれを記録しつつ、学習状況を評価し、その反省点の集積を通して更なる授業改善を図ります。このように、授業を計画（plan）、実施（do）、反省（see）し、改案して再び実践する、という一連のサイクルこそが、小学校教員の実践的な授業力を高めていくのです。本節では、指導案を作成する要点と具体例について概説します。

2. 指導案作成上の留意点

　指導案には確定した内容や唯一の形式はありません。詳細に書く「細案」と概要を示す「略案」があり、教科毎、また学校毎に個性が出てきます。以下では指導の立案上、大前提として留意すべき3つの点を述べます。
　第1に、児童の既習内容を踏まえた立案を行うことです。これは、複数の国際調査で明らかにされた、日本の学習指導の優れた特徴である"授業を構成的に行う"ことに他なりません。児童の心の中は決して空の倉庫や白紙ではなく、今まで学び蓄えられてきた内容が多々あります。その既習内容を本時指導に活かさねばなりません。これは、単元計画に本時案を位置付けることは勿論ですが、例えば算数科での「分数のかけ算」なら、"分数"と"かけ算"に関する一連の性質を児童がいかに捉えてきたかというカリキュラムの視点抜きではその計算の意味が追究できないのです。
　第2に、児童らが共に学び合う為の立案を行うことです。これも、TIMSSなど多くの国際調査の結果から指摘された日本の学習指導の優れた特徴であり、"授業を協同的に行う"ことに他なりません。教室には進んだ児童も遅れがちな児童もいます。その個人差をもった児童一人ひとりが授業において意見を交わし合える機会を設けるべきでしょう。ただし近年は、児童

を習熟度別に分けてコース設定した指導案を作る学級も増えてきました。これは、技能習熟など"手早さ"を追求する活動ではある程度有効ですが、関心・意欲の喚起や多様な考え方の獲得など、"深さ"や"関連づけ"を追究する活動では必ずしも有効とは限りません。なぜなら、児童の多様な個性から生じるズレこそが、協同的に学び合って互いのよさを認め合う起点となるからです。

　第3に、指導と評価を一体化させた立案を行うことです。これは評価の時期に応じて3つの視点から心がけることです。先ず、指導と「診断的評価」の一体化ですが、これは先に述べた第1の留意点である"指導を構成的に行う"ことに準じるので割愛します。次に、指導と「形成的評価」の一体化ですが、これは単元進行や授業展開を更に充実させる視点であり、なかなか計画通りに進まない実際の授業を柔軟に修正することです。指導案に沿った進行や展開にこだわると、計画を予定通りに終わらせることに拘り、せっかくの児童の声を十分に活かせないという本末転倒の授業となります。言うまでもなく、授業は児童のためにあるのです。特に教育実習生や初任者は教材研究の経験が足りず、児童の反応を想定し難いのですが、"予想できないことが生じると予想"して、指導展開を単元内で常に評価を活かしつつ修正し、再立案し続ける必要があります。最後に、指導と「総括的評価」の一体化ですが、これは個々の指導では分かり難かった一連の授業の成果について、その単元の目標がどれだけ達成されたかを、関連した単元に活かしていくことでもあり、また個々の指導案を"実際にはどう展開したのか"という指導記録を含めて集積して、次年度の同単元のより成功的な展開につなげていく試みでもあります。

3. 指導案の実際：算数科の事例

　ここでは小学校3年生の「かけ算の筆算」を例にして、指導案の実例を示していきます。指導案としての記述なので、以下の囲み内を敬体（ですます調）ではなく、常体（である調）で書くことにします。

算数科学習指導案

横浜市○○市立△△小学校
実習生　関東　太郎
担当教員　神奈川県子

1. 日時　平成 27 年 12 月 14 日（月）
2. 学年　第 3 学年　第 2 学級　36 名
3. 単元名　かけ算の筆算のしかたを考えよう。
4. 単元目標

乗法についての理解を深め、2位数×2位数の計算が確実にでき、それを適切に用いる能力を伸ばす。

　（1）2位数をかける筆算の仕方を進んで考え、そのよさに気づいて使おうとする。
　　　【関心・意欲・態度】
　（2）2位数をかける筆算を、既習の基本的な性質に基づいて発展的に捉えることができる。【考え方】
　（3）2位数をかける筆算ができ、その形式のもつ仕組みを具体物と対応させ説明できる。
　　　【表現・処理】
　（4）筆算形式の仕組みを位取り記数法、結合法則、分配法則に基づいて確認できる。
　　　【知識・理解】

5. 教材観

十進法における2位数×2位数の計算は、分配法則と結合法則を用いて以下のように表現できる。

$$(a \times 10^1 + b \times 10^0) \times (p \times 10^1 + q \times 10^0)$$
$$= \{(a \times p) \times 10^2\} + \{(a \times q) + (b \times p) \times 10^1\} + \{(b \times q) + 10^0\}$$

本単元では、以下のように q = 0 の特殊な場合を用いて導入を図る。

$$(a \times 10^1 + b \times 10^0) \times (p \times 10^1) = \{(a \times 10^1 + b \times 10^0) \times p\} \times 10^1$$

例えば、32 × 40 = 32 ×（4 × 10）=（32 × 4）× 10 = 128 × 10 = 128 × 10 = 1280 のように、結合法則を用いることで、既習である2位数×1位数の計算結果を10倍して積を求める考えを用いることができる。また例えば、32 × 45 = 32 ×（40 + 5）=（32 × 40）+（32 × 5）=1280 + 160 = 1340 のように、より一般の2位数をかける場合でも分配法則を用いて、2位数×1位数に帰着できる。

本単元で導入する筆算の形式は、上記の考え方を、位取り記数法による表記、空位のアイデアを用いて整理したものである。故に本単元では、筆算による計算技能の確実な定着を図ると同時に、その形式のもつ意味を理解することで、2位数×3位数や除法の筆算などに発展的につながるように指導する。また、日本で用いている筆算形式が唯一ではなく、様々な形式の筆算法がある。例えば49×68であればドイツ式では左図のようになる。

　日本で指導している筆算形式が定着した上で、進んだ児童に対し、他の筆算形式もありうることをことを示唆した上で、そこに共通に用いられる原理や法則を反省して確かめることを発展的課題として設定できる。

```
  49 × 68
  ─────
    54
  2472
    32
  ─────
  3332
```

6. 児童観

本学級の児童は算数に対する高い意欲をもち、発展的に考える習慣が身についている。また本校は、横浜市内の都市部に属しており、学習塾に通う児童も多く、既にかけ算の筆算形式を予習していることも考えられる。しかし、しばしば計算手続きのみが先行し、意味理解が不十分な場合が多く、指導上その点に配慮する必要がある。なお、本単元前の診断テストの結果、以下4点を確認している。

（1）2位数×1位数は、大多数の児童が手早く正確に計算することができる。
（2）計算の仕方を記述できる児童は、進んだ児童1〜2割程度である。
（3）計算を九九に帰着させる位取りの考えは、殆どの児童が意識できない。
（4）殆どの児童が筆算のおよその結果を見積もって誤答を防ぐ習慣をもつ。

7. 単元の系統

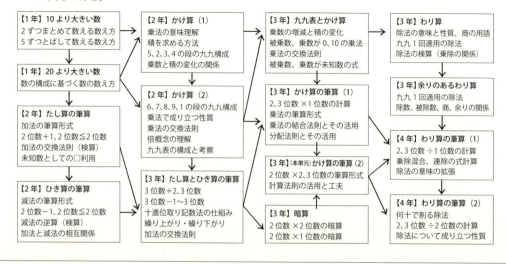

8. 指導計画（全8時間）

小単元	学習内容	時	関	考	表	知	主たる評価基準	算数的活動の主たる性格
I	1位数×何十の計算	1	◎	○			計算方法を意欲的に考えようとする。	探求的
I	2位数×何十の計算	2			◎	○	筆算で計算問題が解ける。計算の仕組みを説明できる。	作業的
II	2位数×2位数の計算【本時】	3	○	◎			既習を基に、筆算の仕方を進んで拡げようと多様に考える。	発展的
II	2位数×2位数の計算（繰り上がり）	4			○	◎	繰り上がる×2位数の筆算の仕組みを説明できる。	解説的
III	計算練習（習熟度別）	5		○	◎		2位数×2位数の計算が手早く確実にできる。	確認的
III	2位数×1位数の暗算	6	◎	○			念頭で被乗数を分解することで、記述せずに計算できる。	作業的
IV	3位数×2位数の計算	7	○	◎			既習を基に、筆算の仕方を進んで拡げようとする。	発展的
IV	単元のまとめ	8	○			◎	本単元の内容を、意味をもったつながりで説明できる。	総括的

9．本時の学習指導計画

(1) 本時主題名「もっとかけ算の筆算のしかたを考えよう」

(2) 本時の目標

1）既習の2位数×何十の計算の仕方を拡げ、2位数×2位数の計算法について進んで考える【関】

2）部分積に注目し、分配法則を利用することで、2位数×2位数の筆算の仕方をまとめる【考】

(3) 本時の使用教科書と該当ページ：平成27年度版「わくわく算数」3学年（下）、60～61頁、啓林館出版

(4) 使用する教具等

1）上記教科書、学習ノート、掲示用画用紙（3～4枚）

2）フラッシュカード（5種類：a. 導入問題、b. 授業課題、c. 線分図、d. 新しく工夫する筆算、e. 授業まとめ）

3）マグネット（⑩×21個、①×63個）

10．本時の指導展開（50分間）

時間	予想される児童の学習活動	教師による指導とその留意点	観点別評価の手立て
導入（5分）	本時の問題場面を把握する	導入問題（FC(a)）を提示する。	
	（1こ13円のみかんを21こ買います。何円になるでしょうか？）		
	(1) 演算を決定する 「かけ算で求めます」 (2) ことばの式を立てる [1このねだん]×[買った数]=[代金] (3) 問題場面から立式する 13×21 (4) 見通しをもつ（積の大きさを予想） 買う数を20個とみて、 13×20=260、260円より少し高い	前時までに学習した方法を示唆する。 「代金を求めるにはどんな式になるでしょうか？」 （補）「なに算で求めるのでしょうか？」【発問】 （補）「ことばの式で書いてみましょう」【指示】 積の見積もりを指示する。 「代金は大体いくら位になりますか？」（予想を喚起） 「およその代金を見積もってみましょう」【指示】	かけ算に演算決定する根拠を説明できるか？［考］（観察） ことばの式で表すことができるか？[知]（観察・ノート） 見積もりから、大よその代金に検討をつけることができるか？[知]（観察・ノート）

時間	予想される児童の学習活動	教師による指導とその留意点	観点別評価の手立て
展開Ⅰ（15分）	本時の学習課題を把握する。 既に学習した方法との違いに気づく。 「何十をかける計算ではない」 「かける数が何十何になっている」 （1）自力解決する a）半具体物を操作して考える 　（マグネットを用意しておく） b）絵や図を用いて考える（1型） 　⑬×21 c）絵や図を用いて考える（2型） 　⑩①①①×21 d）式で表す（20と1に分ける） 　13×20＝260、13×1＝13、 　260＋13＝273 e）式で表す（10、10と1に分ける） 　13×10×2＝260、13×1＝13、 　260＋13＝273 f）2回に分けて筆算する 　　13　　　　13 　×　2　　　×　1 　　26　　　　13 　26×10＝260、260＋13＝273 g）13×21を両方とも分ける。 　10×20＝200、3×20＝60、 　10×1＝10、3×1＝3、 　200＋60＋10＋3＝273	授業課題（FC(b)）を掲示する。 　13×21の計算のしかたを考えましょう 計算の新しい点の確認を促す。 　（前時までの学習と本時の課題をつなぐ） 「13×21の計算のしかたを考えましょう」【指示】 「今までの計算とどこが違いますか？」【示唆】 習熟度に対応しつつ自力解決の時間を確保する。 机間指導における助言例 （補）「絵や図を用いて考えてみよう」【示唆】 （補）「今までの学習を活かして考えてみよう」【示唆】 （補）「絵や図を上手く式で表してみよう」【指示】 （補）「出来るだけ多くの方法を考えてみよう」【指示】 （補）「自分の考えがまとまった人は、友達に 　　　　分かりやすく説明する方法を考えよう」【指示】 アレイ図を用いて式と具体物を対応させる。 線分図（FC(c)）を掲示して、見積もりと計算結果を対応させる。 乗数を20と1に分解し、分配法則を利用することで、既習の計算に帰着していく。（部分積への注目） 考え方に"名前"をつけて記述するように示唆する。 机間指導で、上記のa〜gの各タイプの児童に画用紙を渡して発表準備をしておく。	自分なりの方法で 43×21の計算を考えているか？ ［考］（観察・ノート） 今までの学習内容である×何十を 課題解決に活かそうとしているか？ ［関］（観察） 自分なりの方法で 正しい答えが出せているか？ ［知］（ノート） 計算のきまり（結合法則、分配法則） に気づいて用いているか？ ［考］（観察・ノート） 1つの解法で満足せずに、出来るだけ多くの求め方を探っているか？ ［関］（観察・ノート） 自分なりの方法を 友達にきちんと説明できるか？ ［参］（観察・ノート）
展開Ⅱ（20分）	各々の計算法について比較検討する。 （1）隣同士のペアで発表し合う。 「ここが違う」「ここは同じ」 「ここは似ている」 （2）代表児童が順に黒板で発表する。 （3）教室全体で練り上げる。 「どれも分けて、かけて、足している」 「やり方eは、たし算の回数を3つに分けるので計算の回数は増える」 「10倍を使うと分かりやすい。」 「やい方dは、×何十が使える。」 （4）新しい筆算の仕方に触れる 「1回の筆算で出来るんだ」 「さっき出てきたアイデアが色々と使われているみたいだ」 「先生の筆算は、やり方dとfを混ぜた方法みたいだ」	全員が発表する機会を作る。 「友達の考えをしっかり聞こう」【指示】 「どこが同じですか？　どこがちがいますか？」【発問】 「どこが似ていますか？」【発問】 「何か付け足すところはありますか？」【示唆】 乗数の分け方の違いから分類・整理する。 一斉討議における助言例 （補）「友達のよいところを指摘しよう」【指示】 （補）「どのやり方が最も楽にできますか？」【発問】 （補）「かける数を分けて計算すれば、以前の計算法が 　　　上手く使えますね。」【示唆】 （補）「かける数を分けて計算すれば、手早く、簡単に 　　　答えが出せますね。」【説明】 筆算で求める新しい方法（FC(d)）を掲示する。 「次の時間にこんな 　新しい筆算の 　仕方を 　学びます」【説明】 （次時への興味づけ） 　　　13 　×21 　　13 …13×1 　26 …13×2 　273 　　13　　　13　　　13 　×21　　×21　　×21 　　13　　　13　　　13 　　　　　　26　　　26 　　　　　　　　　　273 次時の学習予告を行う。 「次回に、新しい筆算を詳しく学びましょう」【説明】	隣の友達に、自分の考えを 進んで話そうとしているか？ ［関］（観察） 自分と友達の考え方の異同を知り、 その長短を比較できるか？ ［参］（観察・ノート） 代表児童の考えに、自分なりに 付け足すことができるか？ ［知］（観察・ノート） 計算の回数や、既習への帰着など 各解法のよさを指摘できるか？ ［参］（観察・ノート） 部分積に着目して、共通のアイデア を指摘することができるか？ ［知］（観察・ノート） 複数の計算法を関連づけられるか？ ［参］（観察・ノート） 新しい筆算の簡潔さ、手早さ、正確 さを感じ、進んで学ぼうとしているか？ ［関］（ノート）
まとめ（10分）	本時の学習を振り返る。 【まとめ】13×21の計算は、かける数を20と1に分けて計算すれば、簡単に答えを出せる 今日学んだ内容をことばで表して、"人に読んでもらう"学習感想を書く。 「分けて足す方法を、○○君が上手い説明をしてくれて嬉しかった。」 「途中ごちゃごちゃしたけれど、最後簡単にまとまってすっきりした」 自分及び友達の学習感想を通して、本時の活動について振り返る。	本時のまとめ（FC(e)）を掲示する。 板書全体を振り返って、本時の内容をまとめる。 「今日の学習を振り返って感想を書きましょう」【指示】 「どんなことが新しく分かりましたか？」【発問】 「どんなことがよく分からなかったですか？」【発問】 何名かの学習感想を口頭で発表してもらう。 （授業に比較的参加していなかった児童を指名）	本時で探った様々な考え方のよさを 振り返って自分のことばでまとめることができたか？ ［表］（ノート） 友達の学習感想を理解し、そこに共感又は反発を覚えることができたか？ ［関］（観察）

11. 本時の板書計画

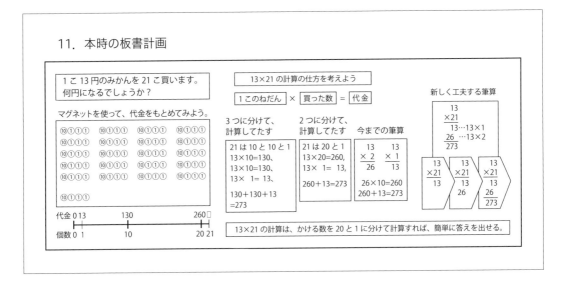

4. おわりに

　本節では、指導案を作成する要点と具体例について概説しました。指導案は、授業の「設計図」になるだけでなく、その成否を一過性にせぬ為の授業者本人用の反省材料としては無論、指導主事やベテラン教員から指導助言を得る為に不可欠な資料となります。また、指導経験の足りない教育実習生や初任者がよりよい授業を支える指導案を作る際には、特に本時案に付記する板書計画をしっかり構想することを勧めます。板書計画では、授業のねらいとそれに対応したまとめや、そこに辿り着くまでの主たる流れを一目で振り返れるように、提示問題、めあて、授業課題、多様な解法、まとめ、適用、発展をおよその位置と分量を想定しつつ記述せねばなりません。その意味で板書計画は、本時の授業がその目標にたどり着くまでの児童と教員のやり取りを整然と予測せねばならず、非常によい準備となります。

　最後に、指導案はあくまで「案（plan）」であり、実際の児童の反応を取り入れて臨機応変に展開すべきなのは、指導と評価の一体化の箇所で述べた通りです。それこそが児童中心主義です。しかし、指導案と授業のずれに対する即興性に重きを置き過ぎて事前の準備や想定を軽んじるのは、単なる怠慢に過ぎません。深い教材研究と児童理解の下で綿密に作り上げた指導案の作成こそが確かな学力形成を保証する一助となるのです。

【引用参考文献】

小原　豊（2013）.「第11章　算数科における授業研究」齋藤昇，秋田美代，小原豊編著『子どもの学力を高める新しい算数科教育法』. 東洋館出版, pp.129-134.

谷竜太，小原　豊（2014）.「算数数学科の問題解決授業における板書の機能」『日本数学教育学会誌』, 第92巻第7号. 日本数学教育学会, pp. 36-39.

（小原　豊）

第4章　教育実習に臨む

第1節　教育実習から学ぶこと

第2節　教育実習の実際：体験談から

コラム　実習先へのお礼状の書き方

第3節　介護等体験から学ぶこと

第1節　教育実習から学ぶこと

1. はじめに

　教育実習は、教育についての実地経験を通した具体的な学びの場であり、観察、参加、実地授業の3つの領域があります。

　観察は、様々な教育活動を客観的に観察し、理論と実践の結びつきについて検討しながら大学で学んできた理論を理解していく場です。

　参加は、指導担当教員の指導のもとに、様々な教育活動に参加し、教師の役割を果たすために必要な知識、技能、態度などを体験的に理解、習得していく場です。

　実地授業は、指導担当教員の指導のもとに、実際の教育場面で学習指導等について体験的に理解を深める場です。

　教職を志す人は、観察、参加、実地授業での学びを通し、教師となるために必要な能力を身につけていかなければなりません。教育実習では、以下の項目について学び、各項目の理解、習得をめざし、積極的に教育活動に参加しましょう。

2. 学ぶこと

(1) 学校教育、学級経営方針の理解と参加

① 学校教育の方針の理解と参加

　実習校には、学校教育方針があります。学校は、学校教育方針に従って教育活動を行っています。学校教育方針を理解するためには、学校の概観や環境を知ることが必要です。

　　○ア　地域社会の実態（地理的位置、学校区、自然環境等）
　　○イ　校地、校舎、運動場等の施設
　　○ウ　職員構成、組織、運営上の分担（校務分掌）
　　○エ　児童数、学年、学級の組織
等について学びましょう。

　次に学校全体の教育計画を知ることが必要です。
　　○ア　学校の教育目標と教育方針
　　○イ　教育システム（学級担任制、教科担任制、特定教科担任の配置等）

○ウ　年間行事計画
　　○エ　週間運営計画、時間割表
　　○オ　学校行事および特別活動の組織運営
等について学びましょう。
　多くの学校では、実習期間中の早い時期に、これらについての講義が行われます。講義を通して理解を深め、積極的に参加しましょう。
　②　学級経営の方針の理解と参加
　学級担任は、学校教育の方針と学年の教育方針を踏まえ、学級経営の方針を立てています。学級経営の方針を理解するためには、まず学級の概観を知ることが必要です。
　　○ア　教室の状況（設備、掲示等の学習環境）
　　○イ　児童の状況（学習態度、人間関係、出席状況等）
等について学びましょう。
　次に学級経営と学校生活上の仕事について知ることが必要です。
　　○ア　学級目標、教育方針
　　○イ　係活動、当番活動
　　○ウ　教室の整備、美化
等について学びましょう。
　実習の多くの時間を指導担当教員の学級ですごすことになります。学級経営について指導を受けられる機会は十分にあります。わからないことは質問し、理解を深め、積極的に参加しましょう。

(2) 学習指導

　教師の一日の勤務時間の大半は学習指導に関わる時間です。学習指導は、教師の仕事の中心です。社会の変化とともに学力観は変化してきていますが、児童たちの学力向上をめざした授業づくりが進められています。
　実習では、学習に関わる以下の項目について学び、参加しましょう。
　①　授業の観察および参加
　学習指導の実習は、まず教師の授業の観察から始まります。
　　○ア　授業の準備状況（教材研究と教材の準備等）
　　○イ　指導形態（一斉、個別、グループ等）
　　○ウ　指導法、指導技術（動機付け、発問、助言、指示、板書、教材教具の活用、個別化への配慮等）
　　○エ　評価の方法と活用
等について観察を通して学びましょう。

② 児童の学習状況の観察

授業づくりでは、児童の学習に関わる実態を知り、実態に応じた工夫をすることが大切です。

　○ア　学習態度（自主性、協調性、質問、応答、ノートのとり方、姿勢等）
　○イ　教師との関係
　○ウ　児童間の人間関係
　○エ　学習内容の定着度合い

等について観察を通して学びましょう。

③ 教科指導における教材研究、準備と指導案の作成

授業を行うためには、授業前の教材研究と指導案の作成が必要です。

教材研究では指導要領や教科書、指導書等を参考にして、次のようなことを明らかにしておく必要があります。

　○ア　教材、指導事項の系統性と年間指導計画のなかでのその単元（題材）、教材の位置と関係
　○イ　単元（題材）や教材についての児童のレディネスの理解
　○ウ　学習展開と学習形態の工夫

等を学びましょう。

指導案の作成では、次のようなことに配慮し、準備をしていくことが必要です。

　○ア　授業を行う単元（題材）、単元（題材）の指導目標、単元の評価規準、単元の指導内容と評価計画、授業を行う時間の指導目標や評価計画等について指導担当教員から指導を受け、明らかにしておく。
　○イ　教材と児童との関係をふまえた指導計画を作成する。
　○ウ　まず略案を作成して指導を受け、その後細案を作成する。
　○エ　指導案は、学校の指導担当教員の示す形式を参考にし、作成する。
　○オ　校長先生をはじめ関係教員にも指導案を届ける。

教材研究の進め方や学校現場が求める指導案の作成等については、指導担当教員からの指導をもとに、わからないことは質問し、学びを深めましょう。

④ 実地授業での学習指導の態度と指導技術

実地授業では、学習指導の態度と指導技術等を学びます。

学習指導を行うためには、まず教材、教具等の準備と整備が必要です。

　○ア　必要な教材、教具、図表等を準備する。
　○イ　理科の実験等では、必ず予備実験を行い、安全指導と危険防止に注意を払う。

等について学びましょう。

次に授業の展開について、導入・展開・終末の各段階の計画をたてることが必要です。

　○ア　導入段階でのねらいは、学習内容や活動に興味・関心を持たせ、学習意欲を高める

ことです。教科の特性や児童の発達段階、経験、既習事項や学習態度を考慮し、一人ひとりに学習の動機付けが図られるよう教材に応じた導入の方法を工夫することが大切です。

○イ 展開段階では、児童が主体的に学習に取り組みながら、本時の目標を達成できるようにしなければなりません。そのために、児童の学習状況をとらえながら臨機応変に指導することが大切です。学校では、体験的・問題解決的学習活動、言語活動、個に応じた指導、指導と評価の一体化等の取り組みが進められています。

○ウ 終末の段階では、本時の学習のまとめと振り返りを大切にし、児童の自己評価等ができるような工夫が必要です。

導入・展開・終末の各段階の計画のたて方について学びましょう。

教材や教具の準備、導入・展開・終末の計画ができれば、次はいよいよ実地授業です。実際に授業を行っていくには、いろいろな指導技術が必要となってきます。

発問、助言、指示、話し方・聞かせ方、板書、ノート指導、教育機器の活用、配慮が必要な児童への支援等についての技術が必要です。

○ア 発問は、教師が児童に対して、学習の目標の達成や内容の理解を図るために、学習の「めあて」をとらえさせたり、思考の方向を導いたりするもので、学習過程のそれぞれの段階でなされます。学習の流れをつくる上で重要な役割をもっていますので、教材研究をする際に、よく考え計画することが大切です。児童の学習意欲を喚起し、明確でわかりやすく、一時間ごとの授業では発問があまり多くならないような工夫が必要です。

○イ 助言は、発問により学習に取り組む児童に、より効果的、効率的に指導することであり、全体に対してだけでなくグループや個別になされることもあります。助言は、児童の思考を刺激したり、学習活動の方法などを示唆したりするものです。

○ウ 指示は、活動を統制するために行うものです。簡潔で明瞭に、児童が何をどのようにするのかがわかるようにしなければなりません。

○エ 話し方については、教師自身が言語環境であることを自覚し、次のようなことを意識してわかりやすい話し方を工夫しましょう。

・ はっきりした発声と正しい発音、適正な声の大きさと高低で話す。
・ 全員に言葉の意味が伝わるように、場や状況にふさわしい音量で語尾をはっきり言い切る。
・ 学年や発達段階を踏まえ、正確で平易な言葉を使って話す。
・ 表情を意識し、明るく笑顔でよい姿勢をとりながら話す。

○オ 聞かせ方については、効果的に聞かせられるように次のようなことを工夫しましょう。

・ 事前に話の内容と構成を考え、メモをする。

- ・ 話題に合った具体物や絵や図表などを準備し、話の内容の理解を助ける補助資料を使う。
- ・ はじめに話の柱の数やテーマを示すなど、話す言葉を短く区切り、簡潔に話す。
- ・ 表情や身振りなどを意識し、やさしいまなざしで話す。
- ・ 児童の反応を意識して、自己評価しながら話す。

○カ 板書については、次のようなことを意識し工夫しましょう。
- ・ 一点一画に注意して文字を正しく丁寧に書く。(ひらがなも漢字も正しい筆順で書く)
- ・ 本時のねらいや学習内容など要点を見やすく構成的に書く。(箇条書きや文字囲み)
- ・ 児童の発言を取り上げる場合は、整理して書く。(分類・整理)
- ・ チョークの使い方に留意する。(色チョークの効果的な使用など)
- ・ 黒板の多面的な活用。

○キ ノート指導は、児童の学習履歴を蓄積するものとして重要です。板書の必要な部分を書き写させるだけでなく、発達段階に応じて自分の考えや友だちの意見などを記録することの指導も必要です。教科や学級により、ノートの使い方が決められているので、指導担当教員の指導のもとで効果的なノート使用を工夫させましょう。また、教科によってはノートを使用せず、ワークシートを綴じたポートフォリオが活用されていることがあります。これを踏まえた対応が必要な場合があることを承知しておきましょう。

○ク 教育機器の活用については、視聴覚機器やICTを、情報教育の観点も大切にしながら、学級や児童の実態に応じて、授業に積極的に取り入れていくことが必要になってきます。学校により、独自の計画のもとに指導が進められていますので、指導担当教員の指導のもとで効果的な活用をしていきましょう。

○ケ 配慮を要する児童への支援については、個別の教育支援計画などが用意されています。行動や学習においての児童への関わり方、支援の仕方について、指導担当教員の指導のもと、十分な児童理解を踏まえて行いましょう。

以上述べたような指導技術は、考え方は理解できても実践することは容易ではありません。先生方の実践を観察しながら学び習得をめざしましょう。

⑤ 指導上の留意点

指導を効果的に進めるために、次のようなことに留意が必要です。
- ○ア 本時の目標から逸脱しない。
- ○イ 児童の主体的な活動や創意工夫を尊重する。
- ○ウ 児童の反応を大切にした弾力的な指導を心がける。
- ○エ 児童一人ひとりが、自分なりに活動に取り組めるよう工夫する。

○オ　言葉遣い、指名の仕方、質問への応答等、児童への接し方に十分注意する。
　⑥　授業の評価
　実地授業終了後は、授業についての自己評価が求められ、他者からの評価もあります。
　自己評価では、自分の課題に応じて自らを評価し、それを次の授業に生かせるようにすることが大切です。自己評価のポイントには、次のようなものがあります。
　　○ア　単元（題材）や教材の本時の目標を見失わなかったか。
　　○イ　児童の活動や反応から、指導計画や授業の展開と時間配分が適切であったか。
　　○ウ　児童を学習活動に導入できたか。
　　○エ　児童の学習活動を上手に構成できたか。
　　○オ　本時の目標がどの程度達成されたか。
　他者からの評価は、授業を参観される校長先生、教頭（副校長）先生、指導担当教員や他の先生方からあります。参観された先生方からの批評を真摯に受け止め、そこから謙虚に多くのことを学び取る心がけが必要です。
　他者からの評価のポイントには、次のようなものがあります。
　　○ア　事前の教材研究は、適切で十分であったか。
　　○イ　児童の実態をよくとらえ、生かしていたか。
　　○ウ　学習展開の内容が適切であったか。
　　○エ　指導方法や教具の工夫、教育機器の活用は適切であったか。
　　○オ　教師の発問やはたらきかけと児童の反応や活動はどうであったか。
　　○カ　板書や資料の提示は適切であったか。
　　○キ　学習活動全体を通して間違った指導はなかったか。

(3) 児童に関わる活動

　学級経営や学習指導についての学ぶべきことを述べてきましたが、児童にどのように関わるかということも学ぶべき重要な内容です。児童に関わる活動として、観察や参加を通し、以下の項目について学びましょう。
　①　児童との望ましい人間関係を築くための観察
　　○ア　児童個人についての観察
　　　・　身体面の発達、運動能力、習慣等
　　　・　知的興味および関心、学習習慣、能力、技能、態度
　　　・　社会的活動
　　　・　情緒的活動
　　　・　配慮を要する児童については、課題や行動的特質、指導法等
　　○イ　集団の観察

- 学級全体の雰囲気
- 授業中の学習集団的活動の様子（各グループの構造と活動）
- 男女間、学年間の差異

等の観察を通して学級集団、児童一人ひとりの理解を図りましょう。

② 学習指導、学校生活全般にわたる児童と関わる活動

○ア 学習指導への参加
- 遅進児に対する補助的役割
- 配慮を要する児童への個別対応
- 理科実験の助手的役割
- グループ学習での助言指導
- 児童のノート指導
- 教室環境の整備

○イ 生活指導への参加
- 登校、下校および校外における交通安全に対する処置
- 休み時間や放課後の時間等における児童との諸活動を通した相互理解
- 給食指導、食育および清掃活動
- 健康指導や余暇指導
- 非常時の児童に対する措置

○ウ 特別活動等への参加
- 児童会、委員会活動
- クラブ活動
- 外国語活動（ALT等との積極的な関わり）

○エ 児童とのコミュニケーション
- 授業時間における児童との関わり
- 休み時間や課外の時間における児童との関わり
- 児童と関わる場面で生じた事故等についての指導担当教員への速やかな連絡

等の指導、参加を通し、児童理解をもとにした児童への関わり方について学びましょう。

(4) 勤 務

実習では、児童への指導等について学ぶ他に、学校に勤務する者として以下のようなことについて、学ばなければなりません。

① 学校事務、清掃、学級園の手入れ、備品整理その他の活動への参加

○ア 勤務の始まりと終わり
- 先生方への挨拶と出勤簿に捺印する。（出勤札を返す学校もある）

- 退出する時は、必ず指導担当教員と校長先生、教頭先生（副校長先生）に挨拶する。
- やむを得ず遅刻、欠勤、早退する場合は、小学校に必ず連絡する。

○イ　学校事務、その他
- 調査報告書等の作成および提出
- 教材や学習用物品の発注および清掃用具等教室備品の管理
- 学級園の維持、管理
- 分掌事務

② 教職員との人間関係づくり

○ア　学校の教職員の理解
- 職種（校長、教頭（副校長）、教諭、養護教諭、事務職員、栄養士、給食調理員、技術員等）

○イ　協力的な人間関係づくり
- 自ら明るく積極的な姿勢で、教育実践や研修等に努める。
- 指導助言をよく聴き、反省したことを実践に生かしながら、自身の向上に努める。
- 自分の言動について絶えず振り返り、周りの教師と比較しながら自己評価する。

③ 言葉遣いや所作

○ア　社会人としての言葉遣い
- 気持ちの良い挨拶を心がける。
- 丁寧な言葉遣いと正しい敬語の使用。

○イ　教師の所作の留意点
- 児童の目線を意識した意図的、教育的な振る舞いであること。
- 温かな物腰で、共感し受容する態度を心がける。
- 信頼される誠実な態度を心がける。

④ 教職員の責任

○ア　学校事故
- 児童に関する事故（授業中、休み時間中、給食中、校外学習中等においての負傷、疾病、障害、死亡等）
- 教職員による事故（体罰、職務怠慢等）
- 学校の施設、設備に関する事故（火災、盗難、建造物の倒壊、施設設備の不備等）

○イ　教職員が負う責任
- 体罰で問われる民法上の損害賠償責任と刑事責任
- 授業中の教員の過失責任としての民事上の損害賠償責任
- 校内での児童同士の事故に関して民法上の代理監督者としての監督義務
- 被虐待児の発見と通報義務

- 施設管理の責任

⑤ 事務処理の態度と技能

○ア 学級事務
- 出席簿や各種名簿の整理と管理
- 教材、資料の作成や準備
- テスト問題等の作成や印刷および処理
- 保護者への通信、連絡

○イ 成績処理
- 評価、評定のための業務
- 指導要録の作成等

(5) 研究と記録

学校では、指導力や資質の向上をめざし、校内での研究や研修に取り組んでいます。先生方の研究・研修についても学びましょう。また、実習に関わる記録をきちんと作成しましょう。

① 教育研究活動の理解

○ア 学校の研究組織と運営
- 研究テーマ
- 研究組織と研究の進め方
- 校内研修計画

○イ 学年会の運営と研究
- 学年会の内容と進め方
- 学年会での研究

② 教育実習に関わる記録

○ア 教育実習日誌の記録

○イ 研究授業の指導案作成と反省記録

【参考文献】
1. 関東学院大学 人間環境学部　人間発達学科 (2011).「教育実習の目的と内容」,『教育実習Ⅲ (小学校) の手引き』K's, pp.2-8
2. 文部科学省国立教育政策研究所 教育課程センター (2011).『評価規準の作成、評価方法等の工夫改善のための参考資料 (小学校　算数)』教育出版
3. 文部科学省 (2008).『小学校学習指導要領解説　総則編』東洋館出版

(遠藤　健次)

第2節 教育実習の実際：体験談から

1. はじめに

　前節では教育実習の概要を述べました。実習とは文字通り、講義で学んだ知識や技術を実地で習うことであり、机上で学んだいわゆる「座学」を生きた「実学」にする上で不可欠なものです。同時に、教育職員免許法施行規則第6条に基づき、小学校教員として適性があるか否かを確認する試行過程でもあります。自動車の運転免許証の取得を例に分かりやすい比喩でいうと「路上教習」に当たり、指導監督者（実習校担当教員）の指示の下で用意周到かつ安全に実践を行うものです。教科指導、学級経営、特別活動、学校行事などに実習生として取り組むと、大学での事前指導で学んだ内容とは些か異なり、想定外の事態に直面することもあります。実習校で皆さんは「先生」と呼ばれ、面映ゆい気持ちを抱きつつも責任と自覚をもった行動が厳しく求められます。ですから、教育実習を目前にすると期待と不安が交錯し、落ち着かない気持ちになりますがそれはある意味で自然であり、誰もが通ってきた道です。その漠然とした心情をより前向きなものに変える上で、実習に実際に行って一足先に現場で学んできた先輩方の声が一助になります。無論、実習先の小学校には各々独特の雰囲気や特色、校風があり、求められる実習生としての役割にも学校ごとに幅が生まれるので、全ての方の体験が直接的に役に立つとは限りません。しかし、初めて教壇に立つ教育実習に本気で取り組み、子ども達のために全力で臨んだ日々を振り返ってその心情を綴った記録からはきっと想像以上に多くのことが学べるでしょう。

　以下本節では、小学校に教育実習に行った4人の先輩方の、ありのままの生の声を貴重な体験談としてご紹介します。

2. 実習体験記①：子どもたちから学ぶこと

　私は実習が始まる前、指導教官の先生から「授業なんて下手でいい、失敗していい。大事なのは子どもたちとどんな風に関わっていくかだよ。」と言われました。その話を聞いて私の実習の目標は「少しでも子どもたちと関わりをもち、関係性をつくっていくこと」になりました。

　ですが、実習の初日は緊張しすぎてそれどころではなくなっていました。そんな時、数人の子どもたちが声をかけてくれ、学校を案内してくれました。そのおかげもあり緊張もほぐれました。最初はあいさつをする、そんな簡単な関わりから始めました。あるとき一人の男の子に「A君、おはよう。」

と声をかけたら「先生、名前覚えてくれたんだ。」と喜ばれました。休み時間は外で思いっきり遊びました。そんな関わりを続けていき、最初の授業日を迎えました。緊張も不安もありました。そんな私に子どもたちは、「先生頑張ってね。」と声をかけてくれました。授業中も、一生懸命に協力してくれました。この時、私は「子どもたちに助けられている。」とすごく感じました。普段話さない子が発言してくれ、苦手な問題でも真剣に取り込んでくれました。この時思ったのは、授業をする、先生として、そういう意識を強く持つと子どもに教えてあげているという感覚になりがちですが、実際は子どもたちに教えてもらう事の方がたくさんありました。研究授業の日、何人もの子が私に向かって「来年は私たちの担任になってね。」と言ってくれました。泣きそうになるほど嬉しかったです。そのあと指導教官の先生が、「子どもたちが藍原先生を助けようと、一生懸命な姿をみて、良い関わりをしてきたんだなって思ったよ。」と言ってくださいました。正直授業は反省点ばかりです。もっと関われたかなと思う事もあります。でも、子どもたちとたくさん触れ合って、悩んだりもしましたが子どもたちとの関わりの中にこそ学ぶことがたくさんあるのかなと感じた実習でした。

(大学4年生　藍原加奈)

3.　実習体験記②：授業はいい雰囲気の中から

　実習期間は三週間と短い間でしたが、私はこの実習でたくさんのことを学ぶことができました。その中でも私が特に大事だと思ったことが二つあります。まず一つは、授業において、児童の言葉やひらめきや考えを大切にするということ。もう一つは、授業はいい雰囲気の中で行われる方が、児童も集中する、ということです。実習が始まる前、私は児童と遊ぶことや、授業をどう実践していくか、ということばかり考え、授業の仕方や、文字の書き順の矯正に時間をかけていました。しかし、実習中、授業の技術や展開のしかたも大事だが、何より子どもの言葉を理解し、授業理解につなげていくことが大切だと気づきました。これが、児童の言葉、ひらめき、考えを大切にするという考えにつながりました。例えば、多角形の内角の和について勉強していたとき、内容を理解できないまま授業が進んでしまったのか、中には授業に飽きてしまっている様子の児童もいました。その様な中で、ある児童の考えを褒めたところ、その児童は授業後の感想に「次もがんばって勉強したい」と記していました。教師からの一方的な授業ではいけないということは事前指導を受けわかっていましたが、児童にとってつまらない授業であれば、一方的に与えられる授業と変わらないのです。大切なことは児童の考えに触れて、それに答えてあげるような、児童の考えを大切にすることであると気づきました。そしてまた、事前指導では、授業の成功の鍵は児童指導にある、と学びました。私は実習中そのことを直に体験できる機会を得ました。児童が喧嘩をしてしまい、その後の授業の雰囲気が悪くなったときです。雰囲気の悪いクラスでは子どもたちの発言も少なく、授業として面白みの無いものになってしまうのです。よい雰囲気を作ることがよい授業を作ることにつながると思い知りました。このことを経験し、私は子供たちと遊んだり過ごしたりする時間の大切さを学びました。教員としての将来に

つながるとてもいい実習であったと思っています。

(大学4年生　田村舞輝)

4. 実習体験記③：授業を学級経営につなげる

　私は実習を通して授業の中のやりとりや子ども同士の関わりが学級経営に強く影響していることを学ぶことができました。実習に行くまでは、学級経営がしっかりと出来ていないと授業は成り立たないと思っていました。そのため学級経営が授業にすごく影響を与えるものだと思っていました。しかし授業と学級経営は別個のものではなく、授業も学級経営の一部だということに気づくことができました。実際に、担任の先生が授業の中で行なっていたことは男女分け隔てなく交流すること、わからない子が手を挙げその子にわかるように説明しわからなかった子も他の人の言葉を借りてもいいから説明できるようにすること、聞く姿勢を意識させること等がありました。これらを行う意図として、男女分け隔てなく交流することは、まだ2年生なので性別をあまり意識し過ぎずに仲良くしてほしいから。わからない子が手を挙げその子にわかるように説明しわからなかった子も他の人の言葉を借りてもいいから説明できるようにすることは、わからない子が授業に参加しなくなることを防ぐとともに、クラスみんなで成長していこうと意識付けさせること、みんなの前で発言する機会を増やすため。聞く姿勢を意識させることは、自分が発言しているときにみんな聞いてくれていると安心させるため。と先生はおっしゃっていた。

　これらの根底にあるのは、いくら素晴らしい教材を作っても、いい発問をしても、クラスに安心して発言できる雰囲気がないとせっかくのいい授業も意味を成さなくなってしまう。しかし授業外だけでこの雰囲気を作り出すことはできないので普段の授業からこれらを意識して子どもたちに指導しているということでした。

　大学では授業、学級経営と指導する場面を分けて勉強してきたが子どもにとっては授業の時間もそれ以外の時間も同じ学校生活であり、学校生活全体を通して子どもの成長を見守り、支援していくことが大切だと実習を通して身を以て学ぶことができました。

(大学4年生　松村拓哉)

5. 実習体験記④：児童との関係

　教育実習を通して、児童一人ひとりとの関係を築いていくことの難しさを実感するとともに、喜びも経験することができた。私は実習をするにあたって児童と積極的に関わり、関係を築くことを一つの課題としていた。1年生の児童はすぐに私を受け入れ、たくさんの話を教えてくれたり、休み時間には一緒に遊ぼうと誘ってくれたりといい関係ができているなと感じていた。しかし、私が関わっているのはいつも決まった児童ばかりで、児童が何かに困っているときは必ず担任の先生に助けを求め

ていることに気付いた。私の授業も不安を抱いている児童の様子がよく分かるものだった。その気付きから、1日に必ずクラス全員の児童と関わりをもつこと、児童が困っていることにすぐ気が付き対応することを目標に取り組むようにした。すると、今まではあまり話しかけてこなかった児童も「一緒に鬼ごっこしない？」などと声をかけてくれるようになった。そして、何か困ったときにも「山中先生〜」と頼ってくれるようになった。また、私の授業があると知れば「イェ〜イ！」と喜んでくれ、授業中も集中して取り組む姿勢が見られ、意欲的に発言や発表をしてくれるようになった。先日、児童の保護者の方とお話をする機会があった。その際に「本当に山中先生のことが大好きで、『今日は国語の授業してくれて、鬼ごっこもしたよ！』とか家でも嬉しそうに話してくれます。大変だと思うけど頑張ってくださいね。」というありがたい言葉を頂き、本当に嬉しく感じた。学校での出来事を家で話すということは、学校が安心できる場所になっているということにつながる。児童が安心できる場を作ることも教師の大切な役割であることを改めて感じ、児童と信頼関係を築くことで保護者の安心につながることも理解した。授業力はもちろんだが、ただ優しいだけではなく指導するべきところはきちんと指導し、児童一人ひとりの姿を認めながら個に応じた対応をすることができる教師を目指していきたい。児童との関わりを築いていく中で、教師になるにあたって大切なことを学ぶことができた。

（大学4年生　山中愛美）

6. おわりに

　先輩の体験談からわかることは、授業と学級経営が不可分のものであるということ、授業は子どもたちと協同で創られるものであること、目の前の子どもたちの学習状況（様子や考え・思い）を見取り生かすことと一人ひとりとしっかり関わることの大切さです。子どもたちとともに学ぶことの素晴らしさが成果とともに綴られていますが、実習中には失敗することもあります。私たちは間違いを恐れる傾向が強いです。間違えてはいけない…間違えると責められる…間違えると恥ずかしい…という考えが染み付いていますが、"教職＝専門家"にこの考えは当てはまりません。失敗を恐れていては、いつまでたってもよい先生になることはできません。失敗は振り返ることで経験値に変わります。失敗経験は改善力に変わります。このことを先輩の体験談の行間から読み取ってください。十分な準備のもと、失敗や間違いを恐れずどんどん子どもと関わり、授業をしましょう。

（山下　俊幸・小原　豊）

● コラム

お礼状の書き方

「実習に来てもらって良かったな……」実習先の先生がこのように感じるのは、実習生から心のこもった礼状が届いたときです。実習中はもちろんのこと、先生方は実習前から、実習生を受け入れるための準備をして迎えて下さっています。そうして実習校では、学生が何を学び、今後どのように活かしていくのか、関心を持って下さっているのです。

また、目上の方への丁寧な手紙を書くこの機会は、手紙の基本構成やマナーを修得する絶好の機会でもあります。実習期間を振り返り、感謝の気持ちを込めて書きましょう。

ポイント

① お礼状は出来るだけ早く出すことが何より大切

1ヶ月も経ってからのお礼状は、気持ちが伝わりにくくなってしまいます。1週間以内、最低でも2週間以内には必ず出しましょう。

② 自分の言葉で、感謝の気持ちを素直に表現しましょう

このご時世、「お礼状　実習」などとネット上で検索すれば、簡単にそれらしいお礼状の例文がいくつも見つけられるでしょう。参考にするものがあっても構いませんが、誰のどんな実習にでも通用するような例文をそっくりそのまま書き写しただけというお礼状では、感謝の念は伝わりません。実習中に、とくに自分が成長したと感じることができた場面や、指導して下さった先生からかけていただいて心に響いた言葉、自分を見つめ直すきっかけとなった子どもの姿など、じっくり思い起こしてみましょう。

③ 出来るだけ丁寧な字で

美しい文字は、一朝一夕の努力で書けるようにはなりません。しかし、一文字一文字丁寧に書くことは、手紙を出す相手のために時間をかけることとなり、お礼の気持ちを込めることになります。もちろん誤字脱字は言語道断です。間違えた場合は、修正ペンなどは使わず、新しい便箋に書き直します。手紙を出す前には、きちんと読み直して、最終チェックすることも忘れないようにしましょう。

（大﨑　裕子）

第3節　介護等体験から学ぶこと

1.　はじめに

　1997年（平成9年）に、「小学校及び中学校の教諭の普通免許状授与に係る教育職員免許法の特例等に関する法律」（介護等体験特例法）が公布され、小学校・中学校の教諭の普通免許状を取得しようとする者に、介護等体験が義務づけられました。免許状申請時の必要条件なので、介護等体験に行かないと免許状は取得できません。特例法の趣旨は、「教員が個人の尊厳及び社会連帯の理念に関する認識を深めることの重要性にかんがみ教員の資質向上及び学校教育の一層の充実を図る観点から、当面、小学校及び中学校の教諭の普通免許取得希望者に、介護等体験をさせる。」とあります。

　介護等体験の内容は「障害者、高齢者等に対する介護、介助、これらの者との交流等の体験」で、その期間は、特別支援学校（盲・聾・養護学校）での2日間と社会福祉施設等での5日間を合わせた計7日間です。

　この介護等体験に目的意識を持って臨み、教職と結ぶことが大切です。

2.　介護等体験の目的と意義

　介護等体験の目的は「人の心の痛みのわかる教員、各人の価値観の相違を認められる心を持った教員の実現に資することにある。」（介護等体験特例法の施行について　次官通達）とあります。この目的は、当時も教育問題として挙げられていたいじめや学級崩壊などへの教員の対応を巡る議論を踏まえたもので、教員としての資質を問うものでもあります。

　① 人の心の痛みのわかる教員

　子どもが他の児童の心ない言葉に傷ついたり、いじめを受けていたりして苦しいときに、当該児童の心に寄り添うことができる教員が求められています。介護等体験の意義の一つは、様々な方々との交流を通して、相手の心に寄り添うことの重要性について学ぶことができることです。

　②価値観の相違を認められる心を持った教員

　学級には様々な考えをもった子どもたちがいます。そして、その保護者の価値観も多様です。価値の多様化と言われる社会で、自分の考えや価値観を押しつけたり、一方的に相手の考えや価値観を否定したりすることはあってはならないことです。様々な価値観を理解し、受け

止め、それらの相違を認められる教員が求められています。介護等体験を通して、これまでの自分のものの見方や考え方を振り返り、見直すことができることがもう一つの意義です。自分とは異なる価値観に気づくことが重要です。

3. 介護等体験の実際

介護等体験は、社会福祉施設と特別支援学校で行われます。

(1) 社会福祉施設

今後、わが国は高齢社会になると言われています。これは日常的に介護を必要とするお年寄りが増えることを意味します。子どもたちが将来に渡り、お年寄りへの理解と援助ができるようになることは教育的な課題でもあります。そこで、教員となる皆さんも介護について理解を深め、介護や援助ができることが大切なのです。社会福祉施設での体験内容は、利用者の食事補助、利用者の環境保全、利用者の入浴、排泄等衛生管理など様々な介護・介助等の援助活動と、利用者の方との交流体験です。援助活動を通して積極的にお年寄りとふれあい、関わることが重要です。

(2) 特別支援学校

特別支援学校では、様々な障害を持った子どもたちが学んでいます。視覚障害、聴覚障害、知的障害、肢体不自由、病弱等障害も様々で重複している場合もあります。教育だけでなくケアを必要とする子どもたちです。実は、小学校にも障害を持った子どもたちがいます。個別支援級（特別支援学級）や普通学級にいる配慮を要する子どもたちです。障害や障害児者への理解を深めることは、教員をめざす皆さんにとってとても重要です。特別支援学校での体験内容は、登校時のお出迎えから始まって、朝の会、自立活動への関わり、給食時の補助、児童・生徒との交流、下校時の送迎などがあります。

実習2日目には、校外学習や学内行事が組まれる場合もあります。援助活動を通して実際に子どもたちと関わり、理解を深めることができます。

4. 介護等体験からの学び

介護等体験は短期間ですが、多くを学ぶことができます。

(1) コミュニケーションについて

お年寄りや障害をもつ子どもたちの中には、言葉を発することが難しい方がいます。表情や身振りなど言葉以外の手段でのコミュニケーションが求められるのです。実際に交流することで、コミュニケーションについてあらためて考えることができます。気持ちを汲み取ることや声かけ、応答など具体的な関わり方について学ぶことができます。

(2) 福祉や障害について

福祉の現場や特別支援学校での見聞は、福祉や障害についての知識だけの理解を現場の実感を伴った具体的なものへと深めてくれます。また、交流することで、お年寄りや障害児者が私たちと同じ人であることに気づかせてくれ、福祉や障害について理解を深めることができます。

(3) 人権について

介護等体験での学びは、それまでの自分のものの見方や考え方などを振り返るきっかけとなります。特に、障害への偏見や差別などこれまであまり意識することのなかった人権について考えるきっかけとなります。お年寄りや特別支援学校の子どもたちとの関わりを通して、自分の人権感覚や人権意識について捉え直すことが大切です。

5. 介護等体験での留意点

(1) 事前指導

介護等体験のオリエンテーションに加え、多くの学校では事前指導が3回程度あります。必要な内容なので1回でも欠席すると介護等体験に行けないので気をつけましょう。先輩方の体験談を聞いたり、社会福祉施設や特別支援学校から講師をお招きして、施設や事業、支援や介護の具体についての講話を伺ったりしながら理解を深めていきます。介護等体験に出る前に必要な事がらについて学びます。介護等体験に目的意識や課題を明確にして臨むための大切な時間です。事前指導で配布される「介護等体験ノート」等の手引きの注意事項を熟読することが必要です。

（2）教育実習に臨む自覚と覚悟

　介護等体験は教育実習と同じく学外での学習・研修活動です。教育実習と同じく学外で学ぶ自覚と覚悟が必要です。専門的知識・技能もないいわば「素人」である皆さんを、受入に伴う様々な手間をも厭わず快く受け入れ協力してくださっている受入施設の方々に多大な配慮と負担をいただいていることを忘れないでください。そして、受入施設のご好意に報いるためにも、施設の側の指示や注意を遵守し、社会福祉施設等の利用者の方々や特別支援学校の児童生徒の皆さんにご迷惑をかけることなどのないよう十分留意してください。特に、利用者の方々への配慮は重要です。万一、皆さんの中に円滑な施設運営に支障が生じるような言動があった場合には、途中で介護等体験が打ち切られたりすることもあります。施設の安全・衛生を阻害したり、利用者の方々に不快感を与えたりするような言動や服装は許されません。学生だからという甘えは禁物です。時間厳守（10分前行動）や言葉遣い、服装など社会人としての自覚が必要です。

（3）報告、連絡、相談を

　介護等体験を行う際に、様々な問題が生じることが考えられます。自分の判断で対応することの難しい問題もあります。また、交通機関の遅れなどで出勤時刻に間に合わないこともあり得ます。そのようなときには、受け入れ施設に必ず連絡を入れてください。また、何事も自分で勝手に判断せず、担当の教職員の方と相談し、結果を報告することを忘れないでください。大学教務課への相談や連絡、報告も大切です。

（4）守　秘　義　務

　介護等体験で知り得たことについては守秘義務があります。たとえ学生同士や家族であっても、介護等体験を通して知り得た個人情報を漏らしてはいけません。特に、SNSでの情報発信は厳に慎まなければなりません。

（5）利用者への配慮

　同じ人として、傾聴を心がけ、笑顔で接します．名前を覚え、適切な敬称で一人ひとりのニーズに合わせ、積極的に関わり交流を深めます。わからないことや緊急時の判断は、必ず担当の先生や職員に連絡し，指示を仰ぐことが大切です。

6．体験者（先輩）の介護等体験の学び―「介護等体験ノート」より―

　特別支援学校の2日間、特別養護老人ホームの5日間の介護等体験を終えて感じ、学んだこ

とが2つあります。1つ目は、障がいのある児童、また介護の必要がある利用者様との関わり方についてです。障がいのある児童にも利用者様にも共通して言えることは、その人、個に応じて関わり方が全く違うので、しっかりとその人に合った関わり方をすることで、信頼関係を築くことができるのだということです。また、同じ目線に立ち、笑顔で接することで相手の方も緊張がほぐれて心を開いてくれるのだと感じました。

　2つ目は、障がいに対する社会の偏見がまだあり、校外実習に行った際に、電車を利用した時、席を譲ってくださる方もいらっしゃったのですが、冷たい視線を多く感じました。日本は海外と比べてとても平和で良い国だと思っていますが、外国の社会と比べてまだ障がいに対する理解が浅いのかなと感じました。なので、もっと障がいに対する理解を図り、障がい者に対する制度を作ることで障がいについての理解を得ることができると思いました。

　私が将来教員という立場に立つ上で、とても自分を成長させることができた7日間になったと感じました。人間的にも社会性を身に付け、私は学び、身についたことを教育の現場で教師という立場からもっと多くの方に知ってもらえるよう伝えていくことが大切だと考えました。

（大学3年生　赤星勇輝）

　今回、老人ホームでのデイサービスと特別支援学校での初めての介護体験で共通して学んだことは、コミュニケーションというものの大切さです。

　デイサービスでは、実習担当の方から教わった、人に「伝える」ということ、すなわち一方的に話すのではなく、きちんと「伝える」そして会話をするということを教えて頂きました。5日間、そのことを念頭におきながら実習をすることで、深く実習に取り組むことができました。静かな方でも、自分から話しかけてみるとたくさんお話をしてくださる方がほとんどで、自分からアクションを起こす大切さを学びました。

　また、特別支援学校では、コミュニケーションにはいろいろな方法があるのだということを知ることができました。言葉をしゃべることができないがどこかの発音に反応して笑ったり、文字盤を使って気持ちを伝えたり、うまく話すことはできないが考えながらゆっくりとではあるが会話をしたりする姿などを見て、コミュニケーションの取り方は、今まで見てきたような単に話すということではないことを感じ、感動し、学ぶことができました。

　今回、介護体験を行ったことで、たくさんの方と接することができました。また、コミュニケーションの方法、大切さを知ることができました。

　普段行うことのできない貴重な体験ができてよかったと思います。教育の基礎を学んだ気がします。これらのことを忘れず、教師になった際に生かしていきたいと思います。

（大学3年生　川瀬晴花）

　介護等体験を通してたくさんのことを学ぶことができました。利用者の方とお話ししている際に、

様々なことを感じ、考えさせられることがありました。とても優しい方々ですぐに仲良くさせていただくことができました。毎回、全員とお話しできるようにと一つの所へとどまらないことを意識しました。私の近所にお住まいの方が多かったので子どもの頃の話等深い話ができました。私が利用者の方とお話しをする際、どのような言い方をすれば嫌な気持ちにさせず楽しく会話ができるのか悩みました。少し深く考えすぎだと思いますが、「昔は」や「今もお元気ですよ」などあまり言ってほしくない言葉だったりする場合もあると思います。「死ぬのを待つだけ」と言われたときの返答は毎回悩みました。私に気を遣い、明るくおっしゃっていましたが、皆が胸の中で思っていることでとても不安に感じていることです。その気持ちに軽く返答することは良くないと、死を考えるにつれて感じるようになりました。

　職員の方を見ていて、忙しい中でも利用者の方と必ず会話をして寂しい気持ちにさせないことが一番なのではないかと思いました。最後に職員の方とお話しした際に「すぐに忘れるからとか聞こえてないだろうからという理由で利用者さんの前でネガティブな発言は絶対にしてはいけません。絶対に感じ取って嫌な気持ちにさせてしまいます。ということを必ず職員に伝えています。」とおっしゃっていて、本当にそうだなと納得しました。

　施設に来ていただいたからには、気持ちをしっかり配慮しなければならないという話を聞いて見習うべき姿勢だなと思いました。

　特別支援学校での体験では、児童一人ひとり個性があり、その子に応じた対応をし、力を最大限に発揮させる場が学校であり、そういう人が教員ではないかと感じることができました。しかし、その児童が力をつけることができるのは、教員の力だけではなく保護者であったり地域の人であったり、近くの小学校、中学校の児童・生徒の協力があってこそのものです。

　肢体不自由の子どもに夜中までつきっきりで十分に睡眠を取ることができていない保護者の方がいらっしゃいました。朝、児童を送り教員の方へ「昨日、夜中まで痰が詰まって大変でした。次の日仕事があって影響が出てしまうから器具を替えようと思ったけど少しでもこの子へ負担があるのならやめようと思って。親の都合で振り回すことは絶対したくないんですよね。」と相談されていました。保護者の方々からすれば、当たり前のことかもしれませんが私はとても心に響きました。子どもが話すことが困難で自分の意思を伝えることができなかったとしても、自分勝手な判断はせず、子どもの過ごしやすい環境を一番に考える気持ちが児童が時折見せる笑顔へとつながっているんだなと心から感じました。

　私が教員になったとき、親としての気持ちを意識しながら児童と接したいと思います。「教員と親」そのどちらの立場でも対応できるようメリハリをしっかりつけることが重要だということを大切にして実践していきたいと思いました。

（大学３年生　千田麻優）

　実習に行く前までは、何故小学校教諭になるために介護等体験を行うのか分かりませんでした。小

学校と介護が結びつかず、別のものと考えていたからです。しかし、実際に行ってみると、小学校教諭と特別支援学校の教諭とケアプラザの職員の方が目指すべきものは同じだということが分かりました。信頼関係を築き、一人ひとりがありのままの姿で受け止めてもらえる環境を作り上げること。また、一人ひとりの笑顔に支えられている職業であるということ。違うと思っていた自分が恥ずかしく、考え方を改めようと強く思いました。考えが180度変わるほど大きな経験となりました。

　経験したことのない場での実習に、どちらも初日は緊張と不安から積極的に動くことができず、指示待ちの時間や何をしたらいいのか分からずただ見ている場面が多くなってしまいました。しかし、特別支援学校での初日を終え、ノートを書いている時に、上級生による体験談でのレポートが目に入りました。その中に、目標を立てると書いてありました。それを見た瞬間、このままでは何も成長することなく残り6日間が終わってしまうと思いました。それからは、1日の目標をしっかり立て、次の課題へとつなげながら行いました。そうしたことで、次はどう動いたらいいのか目標と照らし合わせながら動け、少しずつ指示待ち時間が減っていきました。

　7日間という短い期間でしたが、学ぶことの多い中身の濃い実習となりました。不安でどうしたらいいのか分からずに困ってしまった時、担当教諭や職員の方が優しく丁寧に教えてくださり、たくさんの方に支えられながら7日間を終えました。どちらも命を預かるという責任の大きな職業であるため大変な部分もありましたが、たくさんの笑顔に支えられ、とても充実していました。

（大学3年生　松山琴音）

7. おわりに

　先輩の体験談からわかることは、介護等体験から教職をめざす上でとても大切な学びを得たということ、自身の障害への偏見や理解の不十分さへの気づきです。実際に利用者の方や養護学校の子どもたちと関わることで、人は一人ひとり異なった世界（ルールや言葉）を持っていることに気づきます。積極的な声かけや働きかけを好まない方もいらっしゃいます。他者を理解すること、受け入れることの難しさを実感すること、人に関わる"教職"という仕事の難しさとやりがいを再確認できる場が介護等体験なのです。謙虚な姿勢で、人と関わる原点について学んできてください。

【参考図書】
丘修三　『ぼくのお姉さん』『ぼくのじんせい―シゲルの場合』
　※　特別支援学校や障害のある子どもたちの日常や思いを理解するために。
今関信子　『さよならの日のねずみ花火』
　※　介護を通して、家族や人と人とのふれあい大切さを描いた児童文学の名作。
福島利行 他　『介護の絵本　だいじょうぶだよ、おばあちゃん』
　※　子どもたちに「介護」についてどう伝えるかについて考えさせてくれる。

（山下　俊幸）

第5章 熟練教員の知恵に学ぶ

第1節 子どもを「見立てる」ポイント

第2節 学級づくりのポイント

第3節 情報機器を使いこなす

第1節　子どもを「見立てる」ポイント

「その少年は目に涙を浮かべて、膝の上においた握り拳をじっと見つめていた…、涙がぽとりぽとりと、握り拳に落ちていった…」。

この事例は、母子家庭で不登校の男子児童が「もう4日間も母が家に帰ってこない…」、と学校の先生に訴えるところから始まります。

その後、学校、児童相談所、警察の連携により、少年は一時保護され、母は数週間後に見つかりましたが、母の養育が困難なことから、少年は長く児童擁護施設で生活することになりました。少年の気持ちを想うと辛く悲しい事例です。

子どもの問題がクローズアップされる現代、保護者や学校、関係機関も、日々の問題に直面し苦慮しています。また、不登校や引きこもり、ネット依存など子どもの非社会的問題行動への理解と対処も求められています。

そのような中で、私たちは何を大切にし、何を目標にして、どの様な地域資源と連携して、子ども達への教育や支援を行えばよいのでしょうか。それらに関する支援のポイントについて概説します。

1. 今後の援助目標 ― 社会の壁にぶつかる子ども達 ―

子ども達は成長過程で、様々な壁にぶつかることがあります。例えば、不登校、いじめ、非行、自傷行為、引きこもり、家庭内暴力、ネット依存などがあげられます。しかし、多くの子どもたちは、その壁を乗り越えて成長していきます。そのように考えると、成長過程でぶつかる壁は、「将来に向けて、生きる力を養う」ための「意味や価値がある壁」と捉えることができます。つまり、私たち大人は、たとえ子どもが壁にぶつかったとしても、「子どもの成長過程に、葛藤しながら寄り添って支援していく」という視点が必要になるのです。

しかし一方で、その壁を越えられず、社会的自立ができない若者も増えています。たとえば、図 5.1.1 に示したように様々な領域の壁にぶつかり、社会的自立が困難な状況に陥る若者がいます。

たとえば、図 5.1.1 に示した「医療レベル」とは、精神疾患やパーソナリティ障害など医療を必要とする領域を示しています。医療機関での治療をしながら、社会的自立を目指している若者の領域です。「司

図 5.1.1 社会の壁にぶつかる若者たち

法レベル」は、児童相談所、警察、家庭裁判所、自立支援施設、少年院など、いわゆる矯正教育が必要な領域です。また、「福祉レベル」は、療育手帳や心身障害者手帳など福祉的援助を受けられる対象にも関わらず、それを受けていない人、たとえば、軽度知的障害や対人関係に著しく困難がある人など、社会的不利益を被りやすい人たちの領域を示しています。

また、ようやく社会に踏み出しても、仕事と折り合いが合わず離職してしまったり、人間関係が極端にうまくいかなかったり、鬱的な症状から自宅に引きこもってしまう若者も増えています。これらの状況は、現代社会の社会問題にまで発展しているのです。

このような状況を踏まえると、子ども達への援助目標は、単に目の前の問題解決だけにとどまらず、「その子どもが将来自立して充実した人生が送れるか、そのためにどのような支援が必要か」といったキャリア支援の視点が必要なことがわかります（青戸, 2006）。

2. 子どもを「見立てる」とは

子どもを「見立てる」とは、子どもの中に何が起こっているのか、問題があるならなぜそうなってしまうのか、どうすれば解決に向かうのか、といった子どもの状態把握や、問題解決のための道筋を立てることです。

つまり、「おそらくこういう要因や背景により、問題が生じているのであろう」といった仮説を立て、それにもとづき、「そうであるなら、それを解決するためにはこういった支援方針を立てよう」といったプロセスが、「見立てる」という作業になります。しかし、「見立て」はあくまでも「仮説」であることを忘れてはなりません。「見立てる」うえで大切なことは、アセスメントです。ここでは、「見立て」を行う上での留意点を述べます。

(1) 仮説の検証

「見立て」はあくまでも仮説です。仮説にもとづき「支援方針」を立て、支援を行うことになりますが、一定期間経た後に、問題解決に向けて改善が進んでいるか否かについて、検証を行うことが必要になります。もし、改善が進んでいなければ、アセスメントを再び行い、「見立てと支援方針」を立て直し、問題解決が図られるまで仮説検証を繰り返すことが重要です。

大切なことは、本人が「問題の解決が図られた」と感じられることであり、さらには、子どもの成長・発達および幸福 well-being を促進する介入でなければなりません。

(2) コミュニティ・アプローチの視点

「見立てと支援方針」を立てるうえで必要なことは、個人に焦点をあてたアセスメントを行うだけでなく、個人を取り巻く環境についてもアセスメントを行う必要があります。すなわち、コミュニティ・アプローチの視点が必要となるのです。

たとえば、学校のいじめや人間関係で傷つく児童生徒、地域の無関心さの中に孤立する人たちの抱える問題は、単に個人療法だけでは解決が困難な場合が多くあります。コミュニティ・アプローチとは「人と環境の適合」といった視点から、人（あるいは人々）の抱える問題を、個人的原因のみに帰属させることなく、地域・学校・職場・家庭の課題として捉え直し、広い視点で支援を行うものです。

したがって、子どもを支援するためには、本人を取り巻く環境にも目を向け、たとえば、学級、家庭、地域など周りの環境とうまく折り合っているかなど、多角的なアセスメントを行う必要があります。

また、「見立てと支援方針」について、支援に関係する人達とそれらを共有し、関係者と協働してチームで支援する視点も大切になります。

3．事例の見立てと統合

(1) 不適応のリスク要因

「見立て」を立てるうえで、不適応のリスク要因を探ることも大切です。ここでは、不適応のリスク要因として、①環境要因、②発達特性要因、③発達課題要因、④医学的要因について述べます（図 5.1.2）。

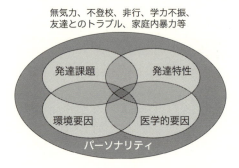

図 5.1.2　不適応の主なリスク要因

① 環 境 要 因

環境要因には、主に社会的環境要因と家庭環境要因があります。いずれにしても、子どもと子どもを取り巻く環境とがうまく適合しているか否か、について検討する必要があります。子どもと子どもを取り巻く環境がうまく折り合っていない場合、その子どもに不適応状態が生じる場合も多く見られます。そのような場合は、子どもが何らかの個人療法により回復したとしても、うまく折り合っていない環境に戻ると、また不適応に陥る恐れがあるのです。植村（2007）は、「どぶ川の中で、酸欠状態でアップアップしている金魚を、浄化装置の付いた水槽に入れたところ、金魚は運良く回復して元気になった。しかし、この金魚を再びどぶ川に戻せば、また病気を再発させるだろう。これは、どぶ川（環境：日常の社会生活場面）でもがいている金魚（人：クライエント）を水槽（クリニック）で治療して蘇生させても、戻っていく環境がもとのままでは、根本的な解決にはならない。川の改修（環境の改善）をしてこそ、金魚は安心や健康や幸福を得られるのである」と指摘しています。

この例を学校現場に置き換えた場合、ある学級でのいじめがきっかけで不登校になってしまった子どもを支援するためには、子ども個人の支援だけでなく、学級づくりが重要な鍵になるということになります。その子どもを含め、どの子どもも安心できる居心地の良い学級は、いじめや不登校の早期解決だけでなく、いじめや不登校自体が生じ難くなるという予防の効果も指摘されています。

　次に、家庭環境要因についてですが、子どもの場合は、家庭環境が大きく影響を及ぼすことから、ここでは、子どもの問題行動を見立てるうえで、虐待について述べます。図5.1.3は、虐待の4領域をあらわしており、縦軸は身体的虐待、横軸は心理的虐待を示しています。

　図の左下の領域は**「ネグレクト」**（養育の怠慢、放棄）になります。ネグレクトへの支援は、「なぜ、親がネグレクトしてしまうのか？」を見立て、経済的問題や家族の病気などの要因に応じて、地域資源（学校、医療、福祉課、民生委員、教育委員会就学援助、児童相談所、警察など）と連携を検討していく必要があります。

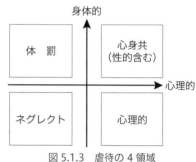

図5.1.3　虐待の4領域

　左上の領域は、**「身体的虐待」**を示します。身体的虐待は、身体のあざや怪我などが見つかり、比較的発見されやすい領域と言われています。しかし、命に関わる緊急性の高い場合もあり、関係者は児童相談所または警察にそれが疑いであっても通告する義務があります。

　右上の領域は、**「性的虐待も含まれる身体的および心理的虐待の領域」**になります。性的虐待は潜在的であり、将来長きに渡って子どもに暗い影響を及ぼす深刻な問題です。子どもが心を開いて相談できる人がいないと、対処が困難な場合もあります。発覚した時は、児童相談所で保護される場合も少なくありません。

　右下の領域は、**「心理的虐待」**です。家庭内にDV（ドメスティック・バイオレンス）などがある場合は、この領域になります。また、「おまえなんか生まれてこなければよかった！」といった親の不用意な言動や、父母の度重なる喧嘩、離婚、家族の病気なども、この領域に含まれます。一方、一般の家庭で起こりうる事象として、例えば、親の願いや期待と本人の状態に大きなギャップがありながら、親が願いと期待をシャワーのように本人にあびせ続けることにより、本人が強いストレスを感じるようであれば、心理的虐待といえるのです。昨今、親の殺傷事件が多く見られますが、実はこういった心理的虐待が背景要因のひとつとなっている可能性があると指摘されています。子どもが生活を苦痛に感じているなら、それは虐待もしくは逆境的生活といえるのです。

　さらに、図5.1.4は、虐待と問題行動との関連を示しています。虐待を受けた経験は、その後の自傷行為や薬物依存などとの相関が高く、万引き、放火、度重なる嘘をつくなどの行為とも関連が高いという指摘もあります。

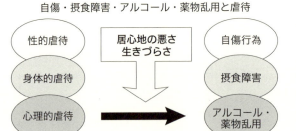

図 5.1.4 虐待と問題行動との関連

このように虐待とひと口に言っても、子どものおかれた状況は様々です。

これらの要因が考えられた場合は、担任や学校だけで抱え込まずに、地域資源と連携して支援を行っていくことが重要になります。また、常に子どもの様子に気を配り、子どものサインを見逃さないように、また、子どもが話しやすいように、日頃からの関係づくりが大切なことといえるでしょう。

② 発達特性要因

発達特性に関するアセスメントについては、第2章第2節を参考にしていただき、ここでは、障害をどのように捉えるかについて述べます。

障害とは「社会生活に支障があること」と考えれば、手立てや方策を身につけて、社会生活に支障がなくなるもしくは軽減されれば、それは特性や個性となり得ます（図 5.1.5）。たとえば、視力障害でも眼鏡やコンタクトという手立てや方策を身につけることにより、社会生活への支障は軽減されます。このように考えれば、発達障害を決してネガティブに捉える必要はないのです。また、社会で輝いている人、貢献している人の中には、このような発達特性を持った人は多く存在しています。

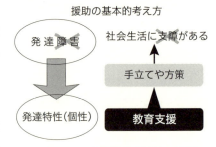

図 5.1.5 発達障害（特性）の関係

では、なぜ不適応のリスク要因のひとつにあげられるのでしょうか。それは、発達障害や特性の中には、学習面、行動面、対人関係面などに苦戦しがちなところがあるために、本人が「何をやってもうまくいかない」「どうせ自分はダメだから」といった、自己否定感に陥りやすいリスクがあるからです。このようなことから、不登校、引きこもり、非行、自傷行為、精神疾患など、様々な問題行動を引き起こす場合があるのです。つまり、発達障害が問題というより、これら二次的障害が問題になるのです。

こういった状況に陥らないようにするためには、本人の特性を生かした関わりが大切になります。たとえば、自己否定感に陥らないように、発達特性を理解したうえで、「手立てや方策」を身につけられるような支援を考える必要があります。まず、子どもに発達障害もしくはその特性があるか否か、もしあると見立てられた場合は、どのような特性があるのか、などを知る

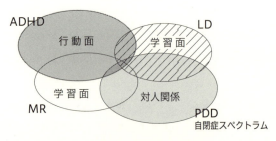

図 5.1.6 発達特性（障害）の関係

必要があります。ただし、発達障害は図 5.1.6 のように重複することがしばしばあるため、生育歴、行動観察、心理テストなど多角的にアセスメントをする必要があります。そして、本人の良いところ、当たり前にできるところに注目して、自己肯定感や自尊心を高められるような関わりが大切です。

③ 発達課題要因

ライフサイクルの各段階で達成すべき課題を発達課題といいます。個人の発達課題に関しては、エリクソン（Erikson,E.H）の心理社会的危機理論が広く知られています。この理論は、ライフステージの各段階には発達促進的なプラスの力と退行的なマイナスの力が拮抗する危機があり、プラスの力が優勢で乗り越えるとその段階の発達課題を獲得できるという考え方です（森川，2008）。各段階の心理社会的危機は、乳児期（基本的信頼対不信）、幼児期（自律性対恥・疑惑）、児童期（自発性対罪悪感）、学童期（勤勉性対劣等感）、青年期（自我同一性対自我拡散）、成人前期（親密性対孤立）、成人期（世代性対停滞性）、老年期（統合性対絶望）です。

子どもが不適応に陥っている時、このような発達課題の視点で理解することも「見立て」を行ううえで参考になることがあります。

たとえば、思春期の子どもが、親の願いや期待、外的評価や周囲の目などを気にして、対人緊張や社会的不安などの不適応を起こしているという事例があった場合は、自我同一性の発達課題に直面していないか、などを考えてみると、その状態が捉えられやすいことがあります。このような事例の場合は、「自分は弱いところもダメなところもあるが、それでも自分は OK である」といったポジティブな自己イメージを形成できるような支援が必要と見立てられるのです。そのための支援方法は、たとえば、体験や人間関係を通して、楽しいと思う情動体験や、スモール・ステップな課題の設定と実行を支援することにより、「やればできそうだ」といった自己効力感を高められるようなことも効果的とされています（青戸，2007）。

このように、本人の中に何が起こっているのか、といった見立てをするうえで、発達課題の考え方も参考になります。

④ 医学的要因（精神医学・心身医学・器質的要因等）

不適応に陥っている場合は、必要に応じて、医学的な要因があるか否かをチェックする場合があります。また、医学的な要因が疑われる場合は、専門医と連携を図ることが大切です。発達障害が、脳の中枢神経系に何らかの機能的障害が見られるのに対して、器質的要因とは、血液検査、レントゲン検査、脳波、心電図、CT、MRI など医学的な各種検査を行った場合に、身体に何らかの異常が見られる状態をいいます。

たとえば、中学男子生徒で多動や衝動性の傾向が見られ、よくキレて暴力を振るうという事例で考えてみた場合、ひとつの事例では、小学校の時、学校が精神科医につなげ、ADHD の診断が出されその薬の服用をしても、なかなか改善につながらなかったが、その後、カウンセラーが見立てをし直し、その中で、この男子はキレて暴力を振るう時、記憶があいまいな部分

が多くあるということから、脳神経の専門医につなげた結果、脳波異常が起こっていたことがわかり、抗てんかん剤を服用することで落ち着きを取り戻したということもあったということです。

このように、「キレて暴力を振るう」など、問題行動は同じでも、その要因は多種多様です。表面上の問題だけに捉われることなく、要因を思い込むことなく、改善が見込まれない場合は、再度見立てと支援方針を検討する必要があるのです。特に、医学的チェックは怠ってはならない大切な事項です。

4. 子どもを支援するために大切なこと

① 自助資源の活用

「見立て」をするうえで、不適応に陥った要因や背景を探るアセスメントも大切ですが、それだけで事例がすぐに解決に向かうわけではありません。たとえば、問題やその要因を明らかにしようとしても、要因を特定することが困難な場合もあります。また、仮に要因が特定されたとしても、その要因を解消することが難しい場合も多くあるのです。援助理論の中には、要因を特定しなくても、クライエントが「どうなりたいか」といったクライエントの解決像に焦点をあてた援助技法もあります（宮田，1994）。

いずれの理論や技法においても、大切なことは、本人の自助資源および支援に役立つ資源をアセスメントすることです。これが「見立てと支援方針」を立てるうえで大切な視点になります。

自助資源とは、本人の中にあるリ・ソースです。たとえば、本人の好きなこと、興味や関心ごと、熱中できること、心地よいこと、頑張れること、将来の夢や希望、憧れの人、やってみたいこと、本人のこだわり、大切にしていること、などがあげられます。支援方針を立てるうえで、このような資源を活用することは、本人が元気になるためにも、また問題解決への動機づけを高めるうえでも役立つことが多いのです。

② 外部資源を探し連携する

本人の自助資源に加え、本人の支援に役立つ資源、すなわち、人・物・事柄、および支援してくれる機関等を探り連携することも重要です。外部機関とは、教育相談センター、家庭支援センター、少年相談保護センター、医療機関、児童相談所、福祉施設、福祉課、警察などがあげられます。

また、それら支援に関係する人たちと「見立てと支援方針」を共有し、チームで支援を行う視点も大切です。学校でいえば、担任ひとりが抱え込まないこと、担任の力量に左右されず支援するためには、校内組織を構築するとともに、内外の資源を活用することが求められています。

近年、社会的・経済的情勢から、社会的弱者の立場に陥る人々や、うつ病や精神疾患、自殺者などが増えている状況の中で、個人療法だけで支援することは難しい時代となっています。今後は、外部資源との連携や関係者との協働など、コミュニティ・アプローチの視点がさらに必要となっていくでしょう。

【引用参考文献】
青戸泰子 (2006).「コミュニティ・アプローチの実際 —スクールカウンセリングの視点から—」『少年のみちびき　19』. 神奈川県警察本部
青戸泰子 (2007).「自己プランニング・プログラムにおける『課題の設定と実行』の効果 —無気力から不登校に陥った中学生への援助事例 —」『カウンセリング研究　39』, pp.346–356.
青戸泰子 (2011).「第1章　心理アセスメントの実際」『カウンセリング心理学ハンドブック』（下巻）松原達哉・福島脩美（編集）. 金子書房
宮田敬一編 (1998).『学校におけるブリーフセラピー』. 金剛出版
植村勝彦 (2007).『コミュニティ心理学入門』. ナカニシヤ出版
森川早苗 (2008).「発達課題」松原達哉ほか（編集）『産業カウンセリング辞典』. 金子書房

（青戸　泰子）

第2節　学級づくりのポイント

1．自律を目指す学級づくり

　学校現場の教員全員が「学級づくりは基盤であり重要である」と認識していると言っても過言ではありません。だが、その実践は多様で、優れた実践とともに、問題を含んだ実践もあります。その問題とは次の2つです。

---

① 管理的な面が強すぎる実践
　　指示や規制によって子どもたちの動きを統制しようとする「管理的な学級経営」
② 系統性や計画性が希薄な実践
　　見通しを持ち計画的に指導するという姿勢が乏しく、その場その場での単発的な指導に終始する「対症療法的な学級経営」

　若い先生には、この②が多いです。「系統性や計画性に乏しい」の問題を克服するには、学級づくりの目的・内容・指導過程などを明確にしていかなければなりません。この節では、そのすべてを述べることはできませんので、「まずはこれだけは押さえておいてほしい」という基礎的な事柄にしぼって解説していきます。また、「教科指導・学習指導」については他の章でふれているので、ここでは「生徒指導」という側面に重点を置きます。

　○　目指す方向

　教育の目的は「自立」と言っていいでしょう。学級づくりの向かう方向も同様です。その「自立」に向かうには、その前提として「自律」が担保できているかです。
　「自律」とは、「自分の行為を主体的に規制する。外部からの支配や制御から脱して、自身の規範に従って行動する」
　この「自分の立てた規範に従って行動する」が自律です。この自律が自立の前提、標語のように言えば「自律なくして自立なし」です。まずは、この「自律」という視点での指導がポイントとなります。

2. 学級生活の根幹「安全」

　どの学級でも指導しなければならない共通の必須の事柄は、「心身の安全・安定の保障」です。子どもたちが不安を抱くことなく自分の居場所を確保することは、学級生活の根幹です。「先生が私たちを守ってくれる」という子どもたちの実感からスタートし、教室に「安心感・安定感」を作り出していくことです。
　その根幹の実践例「二つの約束・一つの宣言」を紹介します。

　　　二つの約束　○「わからない」「できない」を笑ってはいけない。
　　　　　　　　　　馬鹿にしてはいけない。
　　　　　　　　○「たくさんまちがえよう」「たくさん失敗しよう」
　　　　　　　　　　授業とは「まちがえる」ところである。
　　　　　　　　　　教室とは「失敗するところ」である。
　　　一つの宣言　「先生は、この学級では差別を許さない。
　　　　　　　　　　先生はこの学級ではいじめを許さない」

　教室に嘲笑・侮蔑・差別を存在させてはなりません。「嘲笑・侮蔑・差別を決して許さない」という「教師の決意」を「約束・宣言」という形で明確に提示していくのです。これは学級づくりの根幹です。
　「根幹」という意味は…どの学級でも、どの子どもたちでも守るべき《規律》であり、どの教師も敢然と貫かなければならない指導であるということです。それが「毅然とした態度」です。

　　○　なぜ「約束・宣言」なのか。

　年度当初の学級には共通的な目的はありません。学級の方向性が存在していないのです。方向性が混沌としたままの「学級」という組織に子どもたちは組み込まれます。それが、年度当初の子どもたちの緊張・不安のもとです。その解決に向け、早期に学級の方向性を明示していく必要があります。その一例が「二つの約束・一つの宣言」です。混沌とした「学級」に方向性を明示し、子どもたちの進むべき道標を明確にしていくのです。
　これが「二つの約束・一つの宣言」のもつ教育的価値です。

3. 学級の「規律」

「二つの約束・一つの宣言」は学級での動き方の根本ですが、やや抽象的です。もう少し具体的な「動き方」が必要になってきます。それが「規律」です。「規律」と言うときつい感じがしますが、要は、その学級で求められる子どもたちの「動き方」なのです。教室は学級として集団生活を営む場で、集団の「動き方」としてのルール・規律が必要となってきます。

規律には生活と学習の2種類があります。生活規律なら「登校したら、教科書等を机の中に入れ、ランドセルはロッカーにしまう」、学習規律なら「発言する時は挙手し、指名を受けて起立して発言する」などです。

若手教員の学級づくりがうまくいかない原因の1つは「規律」の脆弱さにあります。先に「若い先生の学級づくりには系統性・計画性がない」と述べましたが、それは「規律」に顕著に現われます。その場や状況によって「先生の言うこと」が違うのです。だから、一貫性をもった日常的に機能する「規律」が定着しないのです。「規律の無さ」は若手教員に共通的な悩みと言っていいでしょう。

では、「規律」指導の在り様を具体的にみていきましょう。

4. 「規律」の指導例

次の2枚の写真を見てください。どんなことを感じたでしょうか。

きちんと整理整頓された靴箱やロッカー、そこに「秩序」が見えてきましたか。新学期、新しい学級、新しい友だち、新しい先生…新しい環境の中、子どもたちは緊張し、とまどい・不安を感じています。まずは様子見…緊張・不安に耐えています。「こうすればいい、こう動けばいい」という「規律」という秩序を早期に示していくことが、とまどい、不安を消し、安定感を生み出していくのです。

「秩序」は不可視の概念ですが、子どもたちに見えてくるものがあります。それがこういった「靴箱の靴の入れ方」「ロッカーの使い方」などの「規律」です。

子どもたちに「きちんと整っている」など、統一感という「秩序」を実感させ、「とまどい・不安」から精神的な安定へと子どもたちを導いていくのです。「靴箱・ロッカー」を「見える秩序」と位置づけたとき、その重要性が理解できるはずである。
　「靴の入れ方がそれほど大切なの？」という人も多いと思います。指導しているのは「靴の入れ方」ではなく、「統一感」「ていねいさ」「協働という学級意識」なのです。
　「靴箱の靴の入れ方」なんてと笑われそうなことを丁寧に指導していくのです。些細なことを丁寧に指導することによって、学級生活から「いい加減さ」を放逐し、学級生活のていねいさ、そのための視点の獲得を求めていくのです。荒れ始める学級はみんな「いい加減」になります。掃除がいい加減になる、机が曲がったままになる、ごみが落ちていても拾わない…。「学級の荒れ」とは「ていねいさの剥落」です。
　このように些細なことからに指導し「規律」を確立していくことが、学級の中に「ていねいさ」という価値を息づかせていくことになるのです。

5.　「規律」指導のポイント

　「規律」によって、ある程度落ち着きを持った学級生活を担保することができますが、その指導には常に「管理に陥る」という危険性を持っています。「自律に向かう」を忘れた規律指導は「子どもたちを管理している」だけの強制に過ぎません。子どもたちに規律を強制し服従を求める…ここには、「子どもたち自ら」という視点が欠落しています。
　その危険性を回避するポイントは次の2点です。

> ①　規律の意図・価値を子どもたちが納得し共有すること。
> ②　学級生活を子どもたちにとって魅力あるものにしていくこと。

①　規則の意味や意図を何も知らずに子どもたちが従うのであれば、それは従属に過ぎません。子どもたちが「自律」の道を歩んでいくには、その意図・価値を子どもたちが納得し共有することが大事である。
②　これは非常に重要なポイントですが、実践的には脆弱です。この脆弱さを克服していくことが学級づくり上の本質的な課題です。「規律」は生活の維持のために存在します。だから、子どもたちが規律順守に自ら向かうには、「この学級の生活や授業が楽しい」など「この集団に所属していたい」という所属欲求が必需です。この所属欲求なくしての「規律順守」は「従属」でしかありません。所属していたい集団だからこそ、その集団が内包する「規律」を子どもたちが内面化していくのです。

6.「自立」を目指す学級づくり

では、どのように学級生活を魅力あるものにしていくのでしょうか。

子どもたちは学校生活を創りだす主体者です。魅力ある学級生活を子どもたち自ら作り出していくという指導観をもち、学級生活の維持や発展・改善に子どもたちを参画させていくことです。「学級生活を創りだす」とは、学級の中に「活動」をつくりだすことです。「規律指導」と同時に、この「子どもたちの自主的な活動づくり」を展開することが最大のポイントです。

では、活動とはどんな活動なのでしょうか。活動には2種類あります。「当番活動」「自主的活動」です。

○ 当番活動

当番とは、日直・掃除当番・給食当番です。

活動の内容は基本的にルーティンですが、子どもたちは当番が大好きで、日直・給食当番には喜々として取り組みます。この日直・給食当番の活動を通して、「自分が学級生活の維持に参画している」という役割感を実感させていくことがポイントとなります。

では、「当番での役割感」とは何なのでしょう。

日直・給食当番は「学校にしか成立しない仕事」です。その意味は、「目の前に学級集団が存在し、その集団を《lead》する仕事である」ということです。たとえば、日直なら…「起立、礼、着席」と学級集団に指示を出しますし、「これから朝の会を始めます」と学級集団を統率します。給食当番は量などを調整しつつ配膳します。その間、学級集団には静かに待つという秩序を求めます。当番の食事開始の合図によって、食事を始めます。給食当番は食事の量や時間、開始終了等、給食時間のすべてを管理し、学級集団を《lead》するのです。

この《lead》という特性が、日直・給食当番の優位性を作り出し、「日直・給食当番が好き」という心理を子どもたちに作り出すのです。

「当番のリーダー的動きはルーティンで、特別のことは必要としない。だれもがリーダーとして動くことができる」、これが当番の役割感です。当番を「教師のお手伝い」程度に把握しているのでは、効果は期待できません。当番を「自立」の過程に位置づけ、ていねいに指導していくことです。

○ 自主的活動

もう一つの「自主的活動」について述べますが、これは学級づくりの最重要課題です。「規律」や「当番」は学級生活の維持という性質ですが、この自主的活動は生活の発展・改善であり「学級づくりの本道」です。

自主的活動の筆頭は係活動なのですが、それに関わる解説・資料は多くあります。係活動の指導に関わる情報はそこに譲ることにして、ここでは別の活動を紹介します。係活動は基本的に係ごとの「小集団活動」ですが、学級全体の活動を紹介します。「学級全体の活動」という意味で、紹介する実践例は質の高い実践と考えてください。

○「自主的活動」の実践例「この人クイズ」

　低学年の例です。まず、担任が朝の会で「この人はだれでしょうクイズ」を子どもたちに投げかけ、クイズ遊びをしました。ねらいは、「友だちの良いとこさがし」による人間関係づくりです。

この人はだれでしょう。
1　この人は男の子です。
2　かけっこはあまり速くありません。でもがんばって走ります。
3　やさしいです。消しゴムを忘れた人がいると、貸してくれます。勉強がわからないと、やさしく教えてくれます。
4　給食のとき、自分がこぼしたスープでなくても、すぐふきます。

　そのあと、「みんなも作ってみる」と投げかけました。子どもたちははりきり、みんなで「この人クイズ」を作りはじめました。みんなで相談し、朝の会に「この人クイズコーナー」を設け、日直が自分の作ったクイズを出題することになりました。このコーナーは3か月続きました。

　これに似た事例は数多く実践されていますが、1、2回の単発の活動で終わるのがほとんどです。これでは活動が「学級生活づくり」となっていきません。重要なことは「自主」と「継続」です。

○「自主」…教師がきっかけを与えたり投げかけをしたりしていますが、「クイズを作るか、どうか」「クイズをどの時間にやるか」など、子どもたちに選択や決定を任せ、子どもの自主性を大切にしています。

○「継続」…単発ではなく、ある程度の期間をもった継続的な活動としていきます。短時間でいい、隔日でも週1でも隔週でもいい、学級生活の中に「連綿と流れる活動」としていくことです。この「連綿」が「活動による生活づくり」を成立させるのです。

○「自主的活動」の実践例「ミニ集会」

　高学年の例「ミニ集会」を紹介します。ミニ集会とは、朝や休み時間の15分程度で実施する集会のことです。毎週あるいは隔週に定期的に行います。実践例を示してみます。

> ○ 時間…第2第4の水曜日、中休みの20分間
> ○ 場所…運動場か教室
> ○ 計画・運営担当…生活班の輪番制

　担当は、レク係や集会係等の係に一任より、班の輪番制が望ましいです。それは、輪番制によって学級全員が計画運営に参画していくからです。

　活動期間は、2、3か月から1学期以上という比較的長期にすることです。「ミニ」という特性を生かして、それほどの手間や時間をかけずに、息長く「連綿と」活動を続けることです。

　この事例にも、「自主」と「継続」の精神が流れています。これらの「自主」「継続」が「学級生活を子どもたちが創りだす」の源泉なのです。

○ Learning by Doing

　「この人クイズ」や「ミニ集会」の活動において何が起こっているのでしょうか。「クイズを楽しもう」「ミニ集会をしよう」という目的達成の手段として、あるいは、活動過程で子どもたちは「協力」という動き方を自ら学び取っているのです。活動が子どもたちにとって魅力的でどうしてもやり遂げたい活動であるならば、そのために必要な「協力」「責任」「規律順守」などを子どもたちは自ら体現していこうとするのです。

　「協力」「責任」、そのような価値と行動を「為すこと」によって獲得していく、まさに「Learning by Doing」なのです。そのような「学び」の連続が学級づくりなのです。

　　　　　　　　　　　　　　　　　　　　　　　　　　　　　　　（松永　昌幸）

第3節 情報機器を使いこなす

1. はじめに

情報機器は今日の学校教育を成り立たせる上で、ほぼ全ての活動に使用されるものであり、小学校においても、もはや声高に使用を推奨するまでもなく不可欠な教具です。2015年10月に公開された文部科学省による「学校における教育の情報化の実態等に関する調査」によれば、全国の全公立学校における普通教室の校内LAN整備率は86.4%であり、教員の校務用PCの整備率は既に113.9%に達しており[1]、情報活用の基本となる環境は十分整っています。また、教員のICT活用指導力は、①教材研究・指導の準備・評価などにICTを活用する能力、②授業中にICTを活用して指導する能力、③児童のICT活用を指導する能力、④情報モラルなどを指導する能力、⑤校務にICTを活用する能力、の5つで調査分析されていますが、上記調査の結果から、特にこの②と③に自信の乏しい教員が多いことが示唆されています。そこで本節では、特に授業中での小学校教員と児童による情報機器の活用に論点を絞り、デジタル教科書、デジタル黒板、タブレット端末の3つの機器について、その使用上のコツと留意点を概略します。

2. デジタル教科書の活用

デジタル教科書とは、紙媒体の代わりにデバイス上でその内容を閲覧できる電子書籍です。当初は既存の教科書をPDF化した極めて単純なものでしたが、今日では音声や動画など豊富なコンテンツを盛り込み、通信融合型として情報検索や理解共有、学習歴保存ができる形式へと改定ごとに開発と試用を経て進歩しています。現在のデジタル教科書の整備状況は、平均39.4%で全国的に上昇傾向にあります(文科省, 2015)。「教科書」と銘打っており、実際に文科省検定を受けた各教科書会社によって作成されていますが、学校教育法第34条における「教科用図書」の定義にデジタル版が含まれるよう法改正しない限り、厳密には「教科書」ではありません。またデジタル教科書は利用者目線から「指導者用」と「学習者用」に大別して議論されることが多く、前者はデジタル黒板での提示、後者はタブレット端末での操作を念頭においています。この点で本節にて示す一連の情報機器はリエゾンしてこそ本来の効果が発揮されます。この点を前提にしつつ、デジタル教科書を授業に用いるメリットについては、「指導者用」と「学習者用」のどちらの場合でも以下2点に整理できます(小原, 2013a)。

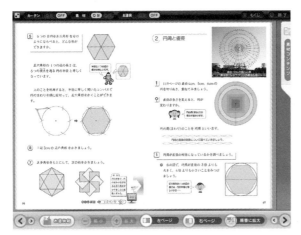

図 5.3.1 デジタル教科書（啓林館 5 年生版）

第 1 のメリットは、拡大可能な画像や動画など多様で豊富なリソースを教科書に埋め込めることです。例えば、社会科における地図画像や理科における動植物の身体部位などをスポットライト機能で拡大表示して細部を確認したり、算数科において図形の作図手順を動的にシミュレーションしたりすることが容易にできます。また従来の紙媒体という制約から冗長になりがちであった表現を省き、資料集や付録 DVD などで別途見せてきた付随情報を教科書の効果的な個所に取り込むことで、児童の関心を焦点化し、その理解を支える効果が期待できます。

第 2 のメリットは、個々のデジタル教科書を端末としたネットワーク接続によって情報の交換や集積が可能となり、学びの成果を蓄積するポートフォリオとしての役割を担えることです。教員にとっては教科書と指導書の一体化を見越した上での他教員との指導情報の共有化であり、児童にとっては、教科書とノートの一体化を見越した上での常時振り返れる学習履歴の保持となります。紙と鉛筆によるノートと異なる点は、書き込まれた成果からは見えない記述の順序なども情報として残せることです。

同時に、デジタル教科書は決して"使えばバラ色"な機器ではないという冷静な理解が必要です。いかなる機器も全能なツールでは無く、常にその射程を弁えて慎重に用いればいいのです。現時点での様々な使い勝手や機能上の不備などは、デバイステクノロジの進歩によるインターフェイス刷新によって時間の問題で改善されていきます。以下では、より本質的な 2 つの留意点について述べます（小原, 2013b）。

第 1 の留意点は、そのアトラクティブな提示によって、記述内容の受動的な観覧に陥ってしまう危険性です。これは教科書を漫画化する試みの怖さと同様です。「強い刺激、楽しい表現で学び続ける」ことは、おかゆを食べ続けることに喩えられます。短期的には体によいですが、長期的には消化力が弱まり、器官は退化していきます。即ち、デジタル化されていないメディアからの児童の乖離を招き、結果として既存の学習内容を発展させるために自学自習するという学校教育の狙いの喪失が危惧されるのです。

第 2 の留意点は、自ら手を動かして実験・観察する活動が軽視されがちになることです。実体を伴わず仮想的に受け入れるバーチャル特有の「一見分かった気になる」ことの利便性が、本来は体験的に理解すべきことがらを表層的にしてしまう危険性があります。実際に、生活科や図画工作科などその教科特性上、直接体験を重視する科目ではデジタル教科書発行自体が慎

重な傾向にあり、全科目で一斉に「バスに乗り遅れるな」と謂わんばかりの論法で一気呵成に導入することは結果的に慎まれています。

　無論こうした留意点はあるものの、先にみたように、旧態依然とした紙媒体に固執し続けて、新たな次世代教育を支える情報機器を頑なに無視するのも決して健全とは言えません。現在、各社が独自に発行しているデジタル教科書のプラットフォームとビューアの標準化やデジタル著作権管理の法整備が進められており、情報通信戦略の国策の下、各自治体での予算的措置さえ叶えば、児童一人ひとりがデジタル教科書の入った学習者用デバイスを有する日も決して遠くはありません。総務省による「フューチャースクール推進事業」や、文部科学省による「学びのイノベーション事業」等のモデル校における成果を参照しつつ、個々の教員がその長所と短所をふまえてデジタル教科書の使い方を丁寧に探る必要があるでしょう。

3. デジタル黒板の活用

　デジタル黒板とは、液晶やボード上に直接書きつけた文字や図式をデータとして他の媒体に掲示できるメディアです。黒板と石灰チョークという旧態的メディアのみを授業に用いていた時代は既に過ぎ去っており、書かれた内容を直接プリンタ出力するホワイトボードのような単純なものから、書かれた文字や画像をボード上で直接移動、拡大・縮小、回転させる操作が可能なもの、そして現在はネット接続によって探究的で双方向的な学びを支える高機能なものへと進歩しています。デジタル黒板の全国整備状況は2015年現在で約78.0%であり、デジタル教科書同様に年々上昇傾向にあります（文科省2015）。このデジタル黒板は、プロジェクタを用いてスクリーンに投影する照射タイプと大型ディスプレイ自体と一体化して操作する液晶タイプの2種類がありますが、そのいずれも学習活動を豊かにする上で実物投影機や他のデバイスと併用する工夫がその使用の鍵といえます。デジタル黒板の特徴は、デジタル教科書と同じく「視覚化機能（強調）」、「ネットワーク機能（協同）」、及び「クラウド機能（共有）」の3点に尽きます。これらの諸機能がもたらすメリットを以下具体的に3点列記していきます。

　第1のメリットは、視覚化機能がもたらす授業の焦点化、興味・関心の喚起、及びそれによる集中力の持続です。明るく鮮明に映し出された写真や図形、様々な動画が児童の学習意欲を引き出す契機となり得ます。

　第2のメリットが、ネットワーク機

図5.3.2　デジタル黒板（日立 Star Board）

能がもたらす双方向的学習の実現です。児童同士が自ら学び自ら考えるとき、そこに多様な考え方が生まれますが、デジタル黒板はその学び合いを支えるプラットフォームとなり、互いの学習進展をモニターしつつ協同的に学び合うツールになります。

　第3のメリットが、記録再生機能がもたらす指導歴の利活用による局所的な教育クラウドの実現です。平たくいえば、デジタル黒板をサーバにつないで各教員が開発した教材を他の教員が容易に使い合ったり、あるクラスでの興味深いやり取りを共有し合ったり、欠席補習にも使用できるのです。例えば、ある児童が計算問題を数直線によって解いたとします。その解決の結果だけでなく、解決の過程まで一緒にデジタル黒板を通じてサーバ上に保存すれば、他の学級の授業でも、「これは○○さんの考え」として適宜呼び出し、そこにある作図手順や演算決定と立式手順をも含めて Do（順操作）と Undo（逆操作）で他の児童に繰り返して例示できます。

　無論、メリットばかりではなく、前項でみたように、受動的観覧に陥る恐れや、動的表示による表層的理解への危惧など、多くの留意すべき点も残されています。また導入期に当たる昨今では、教員が割く労力が多大なことも当面の課題でしょう。例えば、佐賀県はデジタル黒板の導入率が国内最高の 99.0% であり、2014年度からデジタル黒板を用いた模擬授業実施を全国初めて教員採用試験に取り入れた先進的な情報化推進県です。同県で ICT 活用指導力の研修を受講した教員の割合も 96.4% と全国平均値の 34.7% を大きく上回っています。しかし、システムエラーや機器のトラブルでメンテナンスに多くの労力を割かねばならないことから学校現場での不幸な混乱が多々報告されています[2]。キャリブレーション（ペンの位置合せ）の不具合やセキュリティ管理でのトラブル等は、先述のようにデバイステクノロジの進歩によって漸次改善されていく見込みですが、当面の不具合は学校教員に一定の負担を強いるでしょう。実際、せっかく高価なデジタル黒板を校内に導入したのは良いが、使い勝手が分からず低い稼働率のまま埃を被っている、という無益なケースも全国で報告されています。

　こうした現時点でのデメリットもあるデジタル黒板ですが、それでも小学校教室において積極的に用いるべきでしょう。なぜなら、教室での学び方の刷新は勿論ですが、こうしたメディアこそが家庭教育との連携や学習障害支援の充実など新たな学校教育の可能性を切り開いていくからです。

4. タブレット端末の活用

　直感的に操作可能な iPad や Android などのタブレット端末やスマートフォンなどの汎用デバイスが急激に普及したことを受け、学校に導入される教育用 PC のうち、タブレット型は約 15万 6千台に達しており、価格帯と使い勝手から、その比率は年々高まっています（文科省, 2015）。そのメリットは、①かつての CAI（コンピュータ支援教育）のように、児童が効

率的に個別学習するチュートリアルツールになること、②苦痛になりがちな技能習得上の反復学習をダイレクトタッチによる自己関与と操作性によって持続可能にすること、③学級内のローカルSNSで意見交換できる協同学習の場を提供すること、などが挙げられます。

図5.3.3　公立小学校でのタブレット端末使用
（小原，2013b）

　一概にタブレット端末といっても多機種あり、そこにどのようなアプリを入れるのかが鍵ですが、例えば、個別スキル習熟への対応用なら漢字学習や単純計算などの反復アプリ、何らかの観察記録用ならスプレッドシートと写真の統合アプリ、自分たちの考えを主張し合うならプレゼンアプリ、教室での学び合いの促進ならグループウェアアプリ、と教育上の用途は様々です。そして、これらの使用は旧来の学習指導を効率よく進めるだけではなく、新しい教育の在り方を現出させます。より具体的には、少なくとも3つの変化が小学校の教室現場に現れることになります。

　第1の変化は、教員の知的権威の低下です。タブレット端末などweb接続のメディアは知識の独占状態を解消するツールであり、もはや知的権威の根拠である"知っている者の優越性"は殆ど喪失されつつあります。つまり、児童が教員の指導内容の正否の裏付けを検索エンジンなどでリアルタイムに取ることができるので、教員は単純な情報としての「知識」だけではなく、物事を的確に判断して処理する「知恵」によって教材への造詣の深さを示すことが今まで以上に求められます。

　第2の変化は、従来の授業文化への懐疑です。タブレット端末が個別の興味関心から生じる学習課題の分散を保証すると、授業終了時の「まとめ」のように多様な意見を一元的に集約して閉じてしまう学習展開が白々しく感じるようになります。授業の目的にも拠りますが、基本的に、厳然と定められた画一内容を教条的に伝達する学びから脱し、個性的で開かれた学びを許容しつつも授業としてのまとまりをつける必要が生じます。

　第3の変化は、選択的な匿名性による授業参加率の向上です。小学校の授業は積極的で学びの早い少数の児童によって主導的に進められがちです。また高学年ともなると社会性の発達から挙手による目立ちを避けて授業参加に遠慮が生じる児童も出てきます。タブレット端末によって実現する協同学習は、匿名性を担保することで率直な意見表明や自らの出来具合の正直な報告などが期待できます。無論、匿名性の影として、責任感無き発言や誹謗中傷が生じる恐れもありますが、学級内でのローカルSNSであれば、児童同士でのプライバシーは守りつつ、問題が生じた際の発信は教員がトレースできるという環境を設定することができます。

　上述の3つの変化は、従来の学校文化そのものを問い直して大きく変えるものです。それ

は、例えばタブレット端末によって、児童がどこで何を何回間違えたのかといった統計データが即時集計されることで授業進行や成績管理が容易になる、といった単なる便利さの向上とは一線を画すものです。授業を変えれば用いる機器が変わるように、情報機器を変えれば授業が変わり、児童が変わり、学校文化そのものが変わっていくのです。

5. おわりに

　イノベーションがもたらす新たな情報機器を学校教育に組織的に取り込んでいくことは時代の必然です。デジタル教科書やデジタル黒板、タブレット端末などのツールは、その機能が拡張され名称を変えつつ、教室現場に次々に入り込み、ブレンド使用に始まって徐々にスマート化を進めるでしょう。紙媒体の教科書や石灰チョークによる指導が過去の遺物として懐かしまれる日も必ず訪れます。デジタル化による教育改善は、保守的になりがちな教員の側に絶えざる成長と意識改革を強く求めているのです。

【注記】
1）校務用コンピュータの総数を総教員数で除して算出した値。100％を超過する理由は、教員1人1台に加えて職員室等に設置している成績管理用等の共用コンピュータをもカウントしている（文科省，2015）
2）佐賀でのICT教育改善は全国的に注目されており、教育現場での課題　については数多く報道されている（cf、朝日新聞2015年8月20日付）

【引用参考文献/URL】
文部科学省（2015）.「平成26年度学校における教育の情報化の実態等に関する調査結果」
　　http://www.mext.go.jp/a_menu/shotou/zyouhou/1361390.htm（最終アクセス2015年12月4日）
小原　豊（2013a）.「初等教員養成におけるスマートデバイス導入の本質的課題」『人間環境学会紀要』. 第20号，
　　pp.1–9.
小原　豊（2013b）.「新しい算数教科書の展望」，齋藤昇，小原豊編『授業に役立つ算数教科書の数学的背景』.
　　東洋館出版，pp.133–136.

（小原　豊）

跋　文

校訓「人になれ、奉仕せよ」から

　私立大学における教員養成は、その各々の校訓や教育理念に基づいています。関東学院の教育理念は、「人になれ、奉仕せよ」という校訓に具体的に示されているように、人類や社会に貢献できる人間の養成を目指しています。この校訓を基に一貫した教育を行うために学院内に子ども園から大学院までの学校を設け長年教育にあたってきています。また、関東学院大学は建学の精神にもとづき、教育重視、教員養成重視の大学として教員の養成にも力を入れてきており、これまでに保育士、幼稚園教諭、中学校教諭、高等学校教諭などの養成課程を持ち、多くの教員・保育者達を社会に送り出してきました。ここでは、以下，関東学院を具体例として小学校教員を育てること、小学校教員に成ることの意味と期待を示したいと思います。

　学院内に小学校を2校持ち一貫教育を重視している本学院としては、大学に小学校教員養成課程を設けて教員養成の側面でも一貫性を持たせることは長年の悲願でした。しかしこの願いは長い間政策的制約により叶えることができませんでしたが、教員退職者数予測の推移に伴って、教員養成課程に係る定員抑制策が撤廃されることになり、関東学院大学で小学校教員を養成して世に送り出したいという長年の夢を実現する環境が整ってきました。これにより、関東学院の一貫教育を教員養成機能の側面からも強化することが出来、関東学院大学が教育重視、教員養成重視の大学であることを社会に一層強く示すとともに、新生児から成人に至るまでの教育・保育に貢献することが可能になったのです。当初から、本学にはすでに幼稚園教諭免許（一種）課程が設置されており、小学校教諭免許課程に必要な科目や設備も部分的に存在し、小学校教員養成の需要に応える素地は整っていました。幼児教育の分野では、関東学院女子短期大学以来の長い伝統と経験を有しており、県内を中心として幼児教育の実績が高く評価されて信頼を得ていたので、小学校教員養成を行っても社会から受け入れられやすい土壌はあったのです。

　関東学院大学が小学校教員養成課程を持つことにより、幼児教育に加えて、子どもの成長の基礎が固まる児童（小学生）期の教育に係わるカリキュラムを提供することができ、人間発達の視点から一層充実した教育を展開することが可能となって、学生の教育にも大きく寄与することが出来るようになりました。

　また、子ども発達学科の前身である人間発達学科が所属した人間環境学部における教員養成の伝統によって、「環境」という視点から子どもの成長を考える基盤があり、家庭、地域、社会、自然など子どもを取りまく「環境」の大切さを人類・地球的規模で考えられる教員の養成も大きな目的の1つです。さらに、子ども発達学科に設置されている保育士養成課程、認定心理士

資格課程での学びも加えると、新生児、乳幼児、児童と一貫した発達過程の中で子どもの成長を学ぶことができ、乳幼児の発達をふまえた小学校教員の養成ということも本学の大きな特徴の１つであるということが出来ます。幼稚園・保育園・子ども園と小学校との連携は、現代の小学校教育の大きな課題となっています。幼稚園・保育園・子ども園における子どもの発達をふまえ、豊富な心理学の知識を身に付けた小学校教員の養成が可能である点に、本学が小学校教員養成課程を設けている意味があります。また、幼稚園教諭の養成では、本学院内の２つの子ども園における実習が含まれているように、学院内の子ども園や小学校、及びそれらの学校の先生達とも連携して、教育方法・教材作成等に係る研究・教育を往還的に行うことが出来る点も本学の大きな特色です。

　関東学院大学が小学校教員養成を開始した時点では、神奈川県下で小学校教員を養成している大学は、横浜国立大学、鎌倉女子大学、日本女子大学等が中心でした。その中でも男子学生を受け入れることができるのは、横浜国立大学のみでした。他の大学に先駆けて男性保育士への途を切り開いたように、共学校である本学が男子学生にも小学校教員の途を開いたことは、社会的にも重要な使命を帯びていたと言うことが出来ます。さらに、神奈川県内を見れば、例えば、横須賀市の小学校では、県外で教育を受けた先生が多い状況にあり、本学が小学校教員を育成して県下の公立小学校や、本学が属するキリスト教学校教育同盟傘下の小学校をはじめとして、全国の私立小学校へ教員を輩出することの社会的使命は大変大きいと言うことが出来ます。

小学校教員を目指す君達へ
―C.B. テンネー博士の言葉から―

　関東学院初代学院長坂田祐先生による校訓は学院内でよく知られていますが、私は関東学院には第二の校訓があると思っています。それは関東学院の設置者である Charles Buckly Tenny 博士の残された言葉です。この言葉は、大学の六浦校地の１号館と２号館のガラス外壁に白いカーテン状にプリントされています。

　C.B. テンネー博士は1900年に宣教師として来日し、関東学院の源流である日本バプテスト神学校校長、東京学院長等を歴任し、1919年に中学関東学院を設立して関東学院の基礎を築かれた方です。テンネー先生は関東学院の設立や運営のために、そしてたび重なる復興事業のために心血を注いで働かれ、健康を害されてアメリカに帰国し、療養生活の後に亡くなられました。

　先生は関東学院を設立した趣旨を次のように述べています。「1. 日本の学校とすること、2. 十分なる教育機関とすること、3. 人格の形成に重点を置くことである。アメリカ人が、このために寄付したのは、世界人類皆同胞兄弟であるという観念からで、これは、アメリカ人が日本人の友達であるというしるしである」。

皆さんは Mabie Memorial School という名の学校をご存知ですか。他でもありません、これは名も知られぬアメリカの地方の人々の尊い献金によって建てられた、横浜の関東学院という学校につけられた英語の名前です。この名前にどのような背景があるのかは是非調べてみてください。テンネー先生は名文家で、オルガンの演奏家としても作曲家としても良く知られた方でした。毎年大学の入学式で斉唱される「College Days in Yokohama」は、テンネー先生の作詞・作曲によるものなのです。テンネー先生の書かれた文章を六浦キャンパス正門両脇の建物に記したのは、これらの建物の設計者からガラスの外壁にプリントするのに相応しい文章を推薦してほしいと頼まれたことに始まります。依頼を受けた時に私は迷わずすぐに、テンネー先生の書かれた「A New Gate and Roadway」という文章を推薦しました。それは1929年に三春台の校地に新しい正門とアプローチが完成したのを記念して書かれたものです。正門近くという位置的にも似た状況であったことや、そこに書かれた言葉が関東学院大学の教育の根本理念になって欲しいという願いも込められています。建物のカーテン機能が先行して、全文が白い大文字の英文で書かれていて読みにくいというハンディーもありますが、正門の両脇にあって、多くの人たちに読んで欲しいとの願いも込められています。そこには、「汝よ入れ。そして日々学び、日々思慮深くなれ。汝よ出よ。そして日々祖国と人類に貢献せよ」という中世イタリア・パドヴァ大学の碑文が引用されていて、「私たち自身が日々学び、思慮深くならない限り、私たちに課せられた、関東学院の使命を果たすことはできないのです」と関東学院大学の学生が思慮深くなるべき根拠を説いておられます。

　また、私たちが大学で学ぶ理由についても次のように明快に述べておられます。「自己の中だけで完結してしまう学問というものはむなしいものといえます。本当の学問とは他者のためにあるもの、人々を祝福するためのものなのです。私たちが大学に入学するのは、自分に必要なものを得るためだけではありません。世の中に広く奉仕する準備を整えるためなのです」。この言葉こそ私は関東学院のもう1つの校訓に相応しいもの、関東学院大学で教員を目指す諸君が心に銘記するべきことであると思います。私たちはいつ生き生きと生きられるのでしょうか。それは他の人に奉仕している時なのです。

　最後にテンネー先生は若者たちへの箴言としてディダケーの言葉を引用して次のように文章を結んでいます。「ここに二つの道がある。一つは生に至る道。一つは死に至る道。この二つの道には大きな違いがある。私たちは、日々この新しく締め固められた道を登ってくる、すばらしい諸君を心から歓迎します。そして、諸君には「生に至る道」をしっかりと踏みしめていく喜びを、どうか知ってもらいたいと切に願うものです。」

　私は本書を手にとって下さった皆さんが、他者や広く世の中に貢献する準備をするべく学ぶべきこと、「生に至る道」を選び進むべきこと等、テンネー博士の言葉を胸に刻み、多くの子どもたちを善く導いて行ってくれる小学校教員を目指してくれることを切に願って止みません。

【参考資料】
・人間発達学科 (2007).「小学校教員養成課程設置の趣旨及び設置を必要とする理由」.
・坂田祐 (1966).『恩寵の生涯』. 待晨堂発行.
・学校法人関東学院 (1994).『関東学院教育の群像』.
・関東学院史資料室 (2007).「関東学院史資料室ニューズレター」, No11.
・校訓等を活かした学校づくり推進会議 (2009).「校訓を活かした学校づくりの在り方について」.
・舟山俊明 (1978).「エトス論と教育」『社会学研究科紀要』第18号. 慶応大学大学院社会学研究科.
・所澤保孝 (2014).「きみはなぜ関東学院大学で学んでいるのですか？―もう一つの校訓―」『人間環境学部教養学会誌』.

(所澤　保孝)

後　記

　本書はその題名の通り、小学校教員をめざす皆さんのために書き下ろされた一書であり、教職課程に在籍する若い方々が参考にできる内容となっております。また同時に、原点を振り返りたい現職の小学校教員の皆様に手に取って下されば無上の幸いです。能を大成した世阿弥の『花鏡』では、よく知られた「初心忘るべからず」の後に、「時々の初心忘るべからず」と続きます。初めて立てた志を保つだけではなく、その都度得たものを慢心せずに身に着けていく上での戒めです。先生方が日々の授業を振り返るとき、そこでの貴重なご経験に的確な反省を加えて益々成長なさる上で、執筆者一同心を込めて書き上げた本書がその一助を担えるなら幸甚です。また、本書に何かお気づきの点などがございましたら忌憚なくお聞かせ下さい。ご意見ご感想をお待ちしております。

　本書の第4章においては、小学校教員をめざす8名の若き大学生の生きた「声」を届けることができました。貴重な体験を共有して下さった、関東学院大学3年生の赤星勇輝さん、川瀬晴花さん、千田麻優さん、松山琴音さん、そして同4年生の藍原加奈さん、田村舞輝さん、松村拓哉さん、山中愛美さんに心より感謝致します。

　最後になりましたが、本書の出版にあたり、関東学院出版会の四本陽一様には格別なご厚意を賜り、2か年に亘りお力添えを頂きました。ここに記して深謝申し上げます。

　平成28年1月

編著者代表　太田俊己・小原　豊

執筆者一覧（五十音順）

青戸泰子（あおと やすこ、関東学院大学教育学部、第2章2節、第5章1節）

遠藤健次（えんどう けんじ、関東学院大学教育支援センター、第1章3節、第4章1節）

大﨑裕子（おおさき ゆうこ、関東学院大学教育学部、第3章2節、第4章コラム）

太田俊己（おおた としき、関東学院大学教育学部、第2章4節）

小原　豊（おはら ゆたか、関東学院大学教育学部、第1章1節、第3章3節、第4章2節、第5章3節）

小泉秀夫（こいずみ ひでお、関東学院大学人間環境学部元教授、第3章1節）

鈴木公基（すずき こうき、関東学院大学教育学部、第2章5節）

所澤保孝（ところざわ やすたか、関東学院大学名誉教授、跋文）

松永昌幸（まつなが まさゆき、関東学院大学教育支援センター、第2章1節、第5章2節）

山下俊幸（やました としゆき、関東学院大学教育学部、第1章2節、第2章3節、第4章2節・3節）

小学校教員をめざす人のために

2016年4月8日　第1刷発行

編　者　　**関東学院大学教育学部
　　　　　初等教育研究会**

発行者　　**関東学院大学出版会**
　　　　　代表者　規　矩　大　義

　　　　　236-8501 横浜市金沢区六浦東一丁目50番1号
　　　　　電話・(045)786-5906 ／ FAX・(045)785-9572

発売所　　**丸善出版株式会社**

　　　　　101-0051 東京都千代田区神田神保町二丁目17番
　　　　　電話・(03)3512-3256 ／ FAX・(03)3512-3270

デザイン／版下制作・株式会社 薬師神デザイン研究所
印刷／製本・藤原印刷株式会社

Ⓒ2016 Toshiki Oota and Yutaka Ohara
ISBN 978-4-901734-61-5　C3037　　　　　　　　Printed in Japan